W0237799

Süße Kostbarkeiten

Köstliche Schmuckstücke backen, dekorieren und verschenken

Süße Kostbarkeiten

Köstliche Schmuckstücke backen, dekorieren und verschenken

Laura Tabor

Jan Thorbecke Verlag

VERLAGSGRUPPE PATMOS

PATMOS
ESCHBACH
GRÜNEWALD
THORBECKE
SCHWABEN

Die Verlagsgruppe
mit Sinn für das Leben

Aus dem Englischen von Magda Drostel

Alle Rechte vorbehalten
© der deutschen Ausgabe 2012 Jan Thorbecke Verlag der Schwabenverlag AG, Ostfildern
www.thorbecke.de
© der Originalausgabe mit dem Titel „Sweet treats to make, decorate, and give" 2011 erschienen bei CICO Books, einem Imprint von Ryland Peters & Small Ltd, 20–21 Jockey's Fields, London WC1R 4BW
Text © Laura Tabor 2011
Design und Fotografien © CICO Books 2011

Umschlaggestaltung: Finken & Bumiller, Stuttgart
Gedruckt in China
ISBN 978-3-7995-0742-4

Inhalt

RABBIT

Einleitung

Schon als Kind habe ich Backen und Schmuck über alles geliebt. Ich verbrachte viele glückliche Stunden mit meiner Mutter, die eine hervorragende Bäckerin ist, beim Kochen, aber ich liebte es auch, ihre Schmuckschatulle durchzusehen und ihre wundervolle Sammlung zu bewundern. Später entschied ich, meine Zukunft sei der Schmuck, und studierte Schmuckdesign am Londoner Central St. Martin's College. Aber ich habe die Zeit, die ich in der Küche verbrachte, nie vergessen, und Kuchenbacken blieb stets ein therapeutisches Vergnügen, das mir dabei half, den Stress des Studiums zu bewältigen.

2001 gründete ich ein eigenes Schmuck-Label und gestaltete, produzierte und verkaufte meine Kollektion an Boutiquen und Kaufhäuser weltweit. Leider bedeutete das, dass immer weniger Zeit zum Backen blieb. Zum Glück konnte ich vor einiger Zeit in ein wunderschönes neues Haus mit einer wunderbaren Küche ziehen, und dies führte zusammen mit der Tatsache, dass mein Partner über einen erstaunlichen Appetit verfügt, zu einer Neuentdeckung meiner Back- und Süßigkeitenherstellungskünste. 2010 kreierte ich eine Schmuckkollektion namens „Sweet", die aus einer Auswahl an Silber- und Goldschmuck bestand, der von Süßigkeiten inspiriert war. Hier habe ich zum ersten Mal meine beiden großen Vorlieben verbunden. Danach fiel mir ein, dass ich doch nicht nur Schmuck machen könnte, der wie Süßigkeiten aussieht, sondern umgekehrt auch Süßes, das wie Schmuck aussieht! Und hier begann die Reise für dieses Buch.

Ich hoffe, Sie genießen es ebenso, diese kleinen Köstlichkeiten zu machen und zu essen, wie ich das Schreiben dieses Buches. Ich bin sicher, Sie stimmen mir zu: Sie sind so schön, dass man sie wirklich als Schmuck tragen könnte.

Kapitel 1

Grundrezepte und -techniken

Ausrüstung

Es scheint eine endlose Auswahl an Küchenutensilien zu geben, aber hier stelle ich Ihnen ein paar Gerätschaften vor, die Sie in diesem Buch und sicher auch in Zukunft immer wieder brauchen werden.

Jeder Bäcker sollte folgende Dinge besitzen: ein Nudelholz, einen Schneebesen, ein Sieb, einen Messbecher. Außerdem ist eine Auswahl an Löffeln in verschiedener Größe hilfreich.

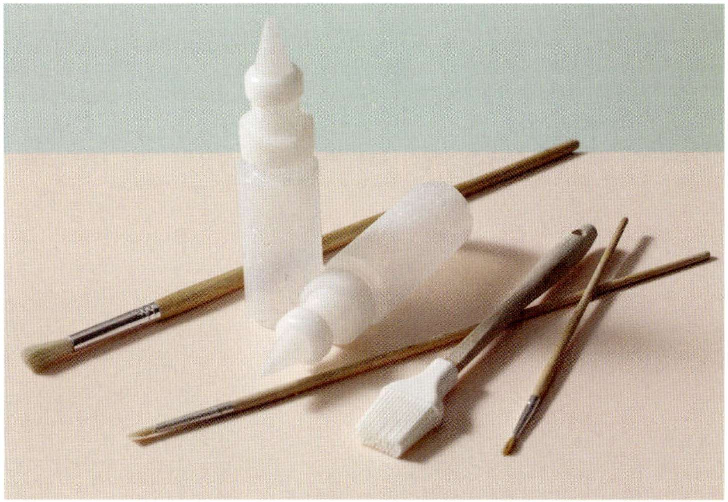

Pinsel und Plastikflaschen mit Tülle sind ideal zum Dekorieren und Füllen. Backpinsel sind ebenfalls sehr hilfreich.

Muffin- und Pralinenförmchen gibt es in vielen verschiedenen Designs.

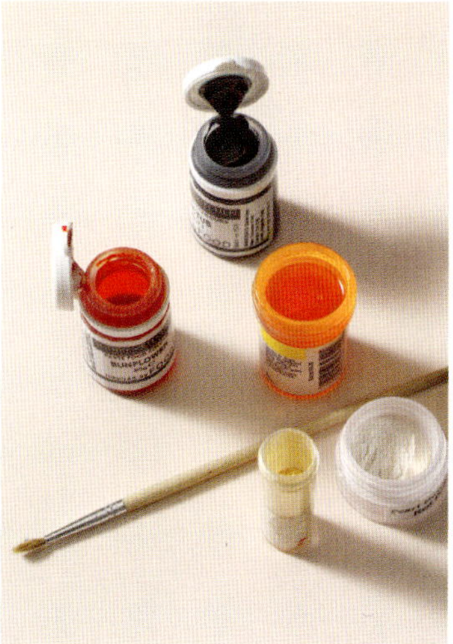

Lebensmittelfarbe und essbarer Kleber eignen sich gut zum Färben von Guss und zum Dekorieren.

Plätzchenausstecher gibt es in vielen Formen und Größen, von einfachen Kreisen bis hin zu Herzen, Zahlen etc.

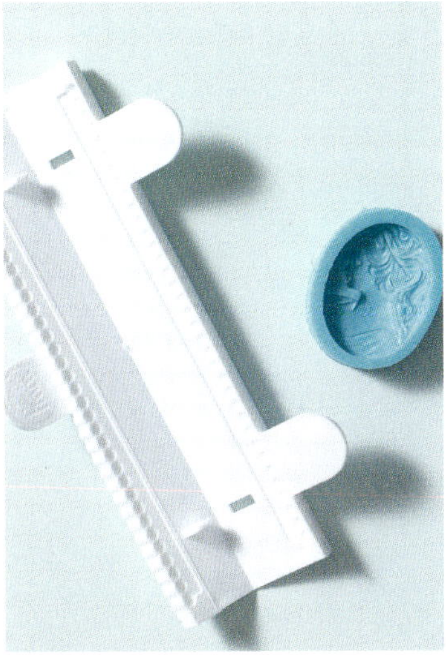

Verwenden Sie Förmchen, um Formen aus Fondant zu machen. Dasjenige oben links erzeugt eine Perlenkette aus Fondant.

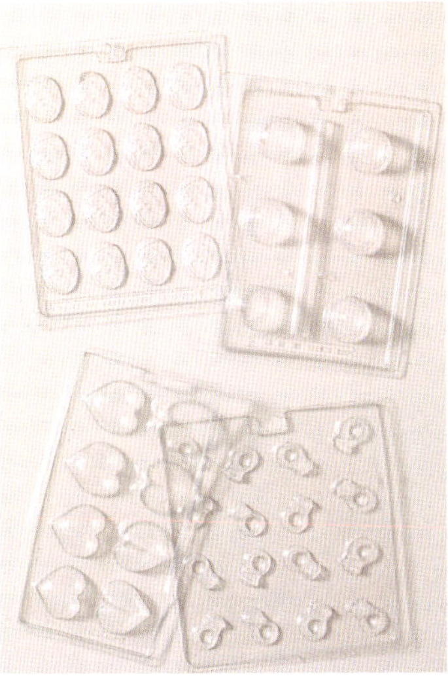

Förmchen machen es leicht, kunstvolle Schokoladen, Bonbons etc. herzustellen. Wenn Sie mit harten Zuckerwaren arbeiten, wählen Sie eine Form, die dafür geeignet ist.

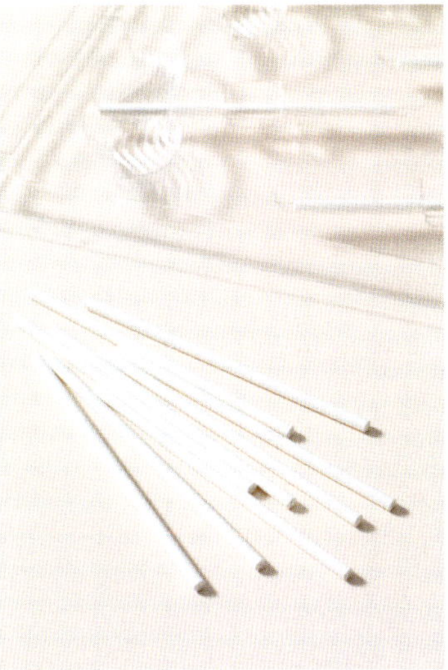

Machen Sie Lutscher mit speziellen Formen mit Löchern für die Stiele.

Essbare Perlen und Juwelen machen ihre Kekse oder Bonbons zu einem Blickfang.

Die Präsentation ist beim Verschenken Ihrer süßen Köstlichkeiten von großer Bedeutung – kaufen Sie also hübsche Deckchen.

Stempel und Stanzen gibt es in vielen Designs zu kaufen. Sie sind ideal für Reispapier.

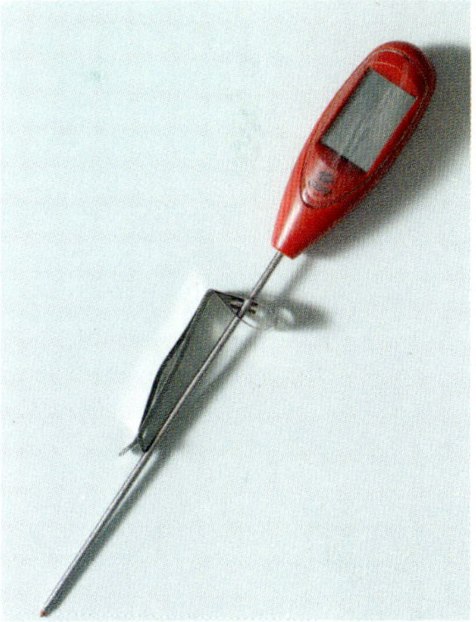

Ein Zuckerthermometer ist eine gute Anschaffung, wenn Sie Rezepte mit heißem Zucker ausprobieren wollen.

Vanille-Cupcakes

Zutaten:

- 300 g weiche Butter
- 300 g extrafeiner Zucker
- 6 Eier
- 2 TL Vanilleextrakt
- 300 g Mehl, gesiebt
- 3 gestrichene TL Backpulver

Ergibt 24 mittelgroße oder 40 Mini-Cupcakes

1 Den Ofen auf 180 °C vorheizen und ein Muffinblech mit Cupcake-Förmchen auslegen.

2 Die Butter und den Zucker in einer Schüssel oder der Küchenmaschine schlagen, bis sie cremig sind.

3 Die Eier einzeln unterrühren, dann den Vanilleextrakt und schließlich das Mehl und das Backpulver zugeben.

4 Den Teig gleichmäßig auf die Förmchen verteilen und ca. 18 Minuten goldbraun backen. (Mini-Cupcakes nur 8–10 Minuten backen.)

5 Aus dem Ofen nehmen und 2–3 Minuten auskühlen lassen. Dann aus dem Blech nehmen und auf einem Kuchengitter auskühlen lassen.

Zitronen-Variante:

Wie oben vorgehen, aber die geriebenen Zesten von zwei Zitronen zufügen.

Blaubeer-Variante:

Wie oben vorgehen, aber 150 g Blaubeeren hinzufügen.

Lagerung:

Cupcakes können in einem verschlossenen Behälter eine Woche und eingefroren in einem luftdichten Behälter bis zu einen Monat aufbewahrt werden.

Schokoladen-Cupcakes

Zutaten:

- 300 g weiche Butter
- 300 g extrafeiner Zucker
- 6 Eier
- 2 TL Vanilleextrakt
- 280 g Mehl, gesiebt
- 3 gestrichene TL Backpulver
- 6 EL Kakao

Ergibt 24 mittelgroße oder 40 Mini-Cupcakes

1 Den Ofen auf 180 °C vorheizen und ein Muffinblech mit Cupcake-Förmchen auslegen.

2 Die Butter und den Zucker in einer Schüssel oder der Küchenmaschine schlagen, bis sie cremig sind.

3 Die Eier einzeln unterrühren, dann den Vanilleextrakt und schließlich das Mehl, das Backpulver und den Kakao zugeben.

4 Den Teig mithilfe von zwei Löffeln gleichmäßig auf die Förmchen verteilen und ca. 18 Minuten goldbraun backen. (Mini-Cupcakes nur 8–10 Minuten backen.)

5 Aus dem Ofen nehmen und 2–3 Minuten auskühlen lassen. Dann aus dem Blech nehmen und auf einem Kuchengitter auskühlen lassen.

Lagerung:
Cupcakes können in einem verschlossenen Behälter eine Woche und eingefroren in einem luftdichten Behälter bis zu einen Monat aufbewahrt werden.

Vanillekuchen

1 Den Ofen auf 180 °C vorheizen. Eine quadratische Backform (23 cm x 23 cm) fetten und mit Mehl bestäuben.

2 Die Butter und den Zucker in einer Schüssel oder der Küchenmaschine verrühren, bis sie schaumig sind.

3 Langsam die Eier einzeln unterrühren, bis sie sorgfältig verteilt sind. Nach und nach das gesiebte Mehl, das Salz und das Backpulver hinzufügen. Einige Minuten weiterschlagen, dann die Milch und den Vanilleextrakt zugeben. Gut verrühren.

4 Den Teig in das vorbereitete Blech geben. Ein Messer hindurchziehen, um Luftblasen zu zerstören, und das Blech leicht auf die Arbeitsfläche schlagen. In 40 Minuten goldbraun backen. 15 Minuten im Blech auskühlen lassen, dann stürzen und auskühlen lassen. Falls gewünscht mit Plätzchenausstechern Formen ausstechen.

Zutaten:

- 250 g weiche Butter
- 310 g Zucker
- 2 große Eigelb
- 3 große Eier
- 250 g Mehl, gesiebt
- ½ TL Salz
- 1½ TL Backpulver
- 125 ml Milch
- 2½ TL Vanilleextrakt

Vanilleplätzchen

Dieses einfache Rezept für Vanilleplätzchen lässt sich durch eine Vielzahl an Aromen und Farben variieren.

Zutaten:

- 185 g weiche Butter
- 240 g extrafeiner Zucker
- 1 Ei
- 1½ TL Vanilleextrakt
- 390 g Mehl
- ½ TL Salz

Ergibt 25 große oder 40 kleine Plätzchen

1 Die Butter kurz aufschlagen, den Zucker hinzugeben und gut vermischen. Das Ei und den Vanilleextrakt hinzugeben und cremig schlagen. (Fügen Sie Farbe oder Aroma jetzt hinzu, falls Sie sie verwenden.)

2 Sieben Sie das Mehl und das Salz in eine Schüssel und geben Sie die Hälfte zur Buttermischung. Gut vermischen, anschließend die andere Hälfte hinzufügen. Einige Minuten kneten, bis sich der Teig von den Schüsselrändern löst.

3 Die Arbeitsfläche bemehlen. Den Teig darauf geben und zu einer Kugel formen. In Plastikfolie mindestens 30 Minuten in den Kühlschrank stellen.

4 Den Teig leicht warm werden lassen und anschließend zu einer gleichmäßigen Platte mit 3–4 mm Dicke ausrollen.

5 Den Ofen auf 160 °C vorheizen. Plätzchen in der gewünschten Form ausstechen und auf einem gefetteten Backblech 12–15 Minuten backen. Sie sollen golden, aber nicht zu braun sein. Aus dem Ofen nehmen und 5 Minuten auskühlen lassen, dann auf ein Kuchengitter legen.

Plätzchen mit Farbe und Aroma:

Geben Sie eine kleine Menge Lebensmittelfarbe hinzu und ersetzen Sie 1 TL Vanilleextrakt durch das gewünschte Aroma. Zur Buttermischung hinzugeben, bis die gewünschte Farbe erreicht ist, dann das Mehl hinzugeben.
Backen Sie die Plätzchen bei niedrigerer Temperatur länger, wenn Sie den Teig gefärbt haben (18–20 Minuten bei 140 °C). Behalten Sie sie im Blick, damit sie sich nicht braun färben. Aus dem Ofen nehmen und 5 Minuten auskühlen lassen, dann auf ein Kuchengitter legen.

Geschmacksrichtungen:

- Rosafarbene Plätzchen: Rosenwasser
- Violette Plätzchen: Veilchen- oder Lavendelwasser
- Grüne Plätzchen: Pfefferminzessenz
- Pfirsichfarbene Plätzchen: Orangenblütenwasser
- Gelbe Plätzchen: Zitronenaroma
- Blaue Plätzchen: Mandelaroma

Ingwerplätzchen

1 Den Ofen auf 160°C vorheizen. Das Mehl, den Ingwer, das Salz und das Backpulver in eine Schüssel sieben.

2 Die Butter, den Zucker, die Melasse und den Sirup in einer Pfanne bei niedriger Temperatur schmelzen und über das Mehl geben. Vermischen, bis sich ein fester Teig ergibt. Etwas Mehl hinzufügen, falls der Teig zu klebrig ist. Auskühlen lassen, in Plastikfolie wickeln und für 5 Minuten in den Kühlschrank stellen.

3 Den Teig auf einer leicht bemehlten Arbeitsfläche 3–4 mm dick ausrollen. Die gewünschten Formen ausstechen und mit einem Pfannenwender auf ein gefettetes Backblech heben. Für 5 Minuten in den Kühlschrank stellen.

4 12–15 Minuten backen, bis die Plätzchen etwas fest und goldbraun sind. Darauf achten, dass sie nicht zu braun werden. Auf dem Blech kurz auskühlen lassen, dann auf ein Kuchengitter geben.

Lagerung:
Die Plätzchen halten sich bis zu 2 Wochen und bis zu einen Monat im Kühlschrank. Zwischen Lagen aus Wachspapier in einem luftdichten Behälter aufbewahren.

Ein knuspriges, goldenes und süßes Ingwerplätzchen

Zutaten:

- 375 g Mehl
- 2 TL gemahlener Ingwer
- 1 TL Salz
- 1 TL Backpulver
- 125 g Butter
- 115 g brauner Zucker
- 2 EL Melasse
- 2 EL Zuckerrübensirup

Ergibt 25 große oder 40 kleine Plätzchen

Schokolade schmelzen und Formen gießen

Schokolade schmelzen

Zutaten:

- Wasserbad oder Bain-marie
- Zuckerthermometer
- Holzlöffel

Der beste Weg, Schokolade zu schmelzen, ist im Wasserbad oder der Bain-marie. Ein Wasserbad erhält man, wenn man eine hitzefeste Schüssel über einen Topf mit leicht kochendem Wasser gibt. Stellen Sie sicher, dass der Boden der Schüssel das Wasser nicht berührt. Die Schokolade muss außerdem temperiert werden, damit sie glänzend aussieht, wenn man sie aus den Formen nimmt.

1 Die Schokolade in Stücke brechen und ins Wasserbad geben.

2 Die Schokolade schmelzen lassen. Wenn sie fast geschmolzen ist, gut umrühren. Dunkle Schokolade auf ca. 46 °C erhitzen, Milch- und weiße Schokolade auf 43 °C.

3 Die Schokolade vom Herd nehmen und die Schüssel vom Topf entfernen. Ständig rühren, um die Schokolade zu temperieren, bis sie auf 29–32 °C abgekühlt ist. Dies stellt sicher, dass die Schokolade später schön glänzt. Die Schokolade sollte in dieser Temperatur in die Formen gefüllt werden.

Formen gießen

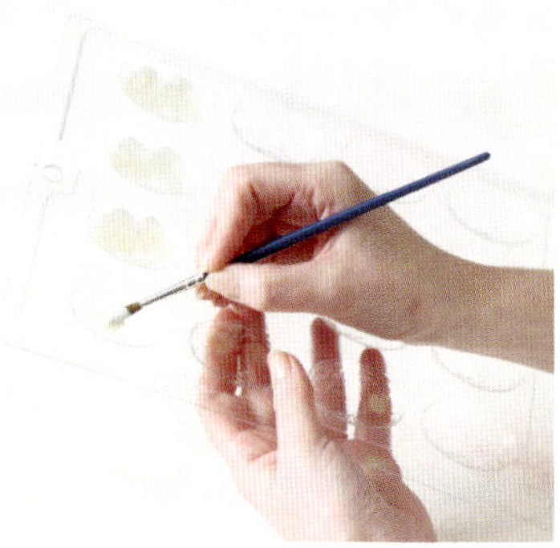

1 Bei Projekten, die zwei unterschiedliche Schokoladenfarben verwenden, einen Pinzel oder eine Flasche mit kleiner Tülle verwenden, um die Details der Form auszufüllen. Die Form leicht aufschlagen, um die Schokolade gut zu verteilen.

2 In den Kühlschrank stellen, bis die Details fest sind, dann die zweite Farbe mit einem Teelöffel oder einer Plastikflasche mit Tülle einfüllen.

3 Die Form leicht aufschlagen, um Luftblasen zu entfernen und die Schokolade gleichmäßig zu verteilen. Mindestens eine Stunde kalt stellen.

4 Die Form stürzen und vorsichtig die Schokolade herausdrücken. Sie sollte leicht herausfallen. Falls nicht, ist sie noch nicht kalt genug.

Zutaten:

- Geschmolzene Schokolade
- Kleine Pinsel
- Plastikflaschen mit Tülle
- Schokoladenform

Mit Gold bestäuben

Schokolade mit Gold bestäuben

1 Geben Sie eine kleine Menge essbaren Kleber auf einen Pinsel und verteilen Sie eine dünne Lage auf der Schokolade.

2 Geben Sie den Goldstaub vorsichtig mit einem trockenen Pinsel auf den feuchten Kleber. Trocknen lassen.

Zutaten:

- Saubere, trockene Pinsel
- Essbarer Kleber
- Essbarer Goldstaub

Fondant mit Gold bestäuben

1 Tragen Sie eine dünne Schicht Vergoldungsmittel mit einem sauberen Pinsel auf.

Zutaten:

- Saubere, trockene Pinsel
- Essbares Vergoldungsmittel
- Essbarer Goldstaub

2 Mit einem sauberen, trockenen Pinsel eine kleine Menge Goldstaub auf den Fondant auftragen.

Fondant herstellen

Fondant ist wunderbar zum Überziehen von Plätzchen und Kuchen und lässt sich leicht formen und in verschiedenen Farben einfärben.

Zutaten:

- 500 g Puderzucker
- 1 Eiweiß
- 2 EL flüssige Glukose
- Lebensmittelfarbe

1 Sieben Sie den Puderzucker in eine Schüssel. Geben Sie nach und nach das Eiweiß und die Glukose hinzu und vermischen Sie das Ganze gut zu einem Teig.

2 Die Paste wird sehr fest, und Sie sollten sie zu einer Kugel formen können.

3 Bestäuben Sie die Arbeitsplatte mit Puderzucker und kneten Sie die Paste vorsichtig, bis sie weich wird. Fügen Sie noch Puderzucker hinzu, falls sie zu klebrig ist.

4 Nun können Sie etwas Lebensmittelfarbe mit einem Zahnstocher hinzufügen.

5 Kneten Sie die Paste, bis die Farbe gut verteilt ist.

6 Wickeln Sie die Paste zum Lagern fest in Plastikfolie. Sie können den Fondant bis zu 4 Wochen im Kühlschrank lagern. Er muss dazu aber fest eingewickelt sein, damit er nicht austrocknet.

Royal Icing

Royal Icing wird oft zur Dekoration von Plätzchen und Kuchen verwendet. Es kann für Details mit einer Tülle aufgespritzt werden oder als Unterlage für weitere Dekorationen dienen.

1 Sieben Sie den Puderzucker in eine große Schüssel. Geben Sie langsam das Eiweiß hinzu – nicht das ganze Eiweiß auf einmal – und vermischen Sie sorgfältig. Weiterrühren, bis der Guss glänzt und die Konsistenz steif geschlagener Sahne oder Crème double hat. Geben Sie 2–3 Tropfen Zitronensaft hinzu. Bedecken Sie den Guss mit einem feuchten Tuch oder Plastikfolie, damit er nicht austrocknet, während Sie ihn bearbeiten. Er hält sich – fest eingewickelt – einige Tage.

2 Royal Icing kann mit Lebensmittelfarbe gefärbt werden. Ich verwende dazu Pasten, da sie sich besser dosieren lassen. Egal, ob Sie eine Paste oder eine Flüssigkeit verwenden: Beginnen Sie immer mit einer kleinen Menge auf einem Zahnstocher und fügen Sie dann gegebenenfalls mehr hinzu. Die gefärbte Masse kann dann in Spritzbeutel mit sehr feiner Tülle gegeben werden, um Details zu malen. Falls Sie die Plätzchen ganz bedecken wollen, geben Sie einen Teil der Masse in eine Schüssel, da Sie dafür eine andere Konsistenz benötigen.

Plätzchen bedecken

Um Plätzchen zu bedecken, müssen Sie das Royal Icing leicht verdünnen, damit es eine flüssigere Konsistenz erhält.

1 Nachdem Sie auf dem Plätzchen mit der Spritztülle einen Umriss gezeichnet haben und dieser getrocknet ist, müssen Sie den Umriss ausfüllen. Fügen Sie einige Tropfen Wasser zur Masse in der Schüssel hinzu, bis sie sich gut verteilen lässt. Wird sie zu flüssig, wieder Puderzucker hinzugeben.

2 Sie können einen Teelöffel zum Verteilen der Masse verwenden, am einfachsten geht es aber mit Plastikflaschen mit Tülle, die sich auch zum Aufbewahren der Masse eignen. Stoßen Sie die Plätzchen leicht an, um die Oberfläche zu glätten, und zerstören sie eventuelle Luftblasen mit einem Zahnstocher.

Zutaten:

- 500 g Puderzucker
- 2 Eiweiß
- Einige Tropfen Zitronensaft
- Lebensmittelfarbe

Lagerung:

Royal Icing hält sich, luftdicht verpackt, bis zu einer Woche im Kühlschrank.

Buttercreme

Das Grundrezept für Buttercreme

Zutaten:

- 125 g weiche Butter
- 250 g Puderzucker
- 2 EL Milch
- Lebensmittelfarbe

AROMA (optional):

- Rosenwasser
- Orangenblütenwasser
- Mandelaroma
- Vanilleextrakt

1 Geben Sie die Butter in eine große Schüssel oder die Küchenmaschine. Den Puderzucker in die Schüssel sieben und gut vermischen.

2 Die Milch hinzufügen und alles zu einer cremigen Masse verrühren.

3 Geben Sie einige Tropfen der gewünschten Lebensmittelfarbe und ½ TL Aroma dazu, falls gewünscht. Vermischen, bis die Farbe gleichmäßig verteilt ist.

Lagerung:
Die Creme hält sich, luftdicht verpackt, bis zu zwei Wochen im Kühlschrank. Vor der Verwendung Raumtemperatur annehmen lassen.

Schokoladenbuttercreme

Zutaten:

- 125 g weiche Butter
- 225 g Puderzucker
- 4 EL Kakao
- 200 g dunkle Schokolade
- 200 ml Sahne
- 2 EL Maissirup

1 Geben Sie die Butter in eine große Schüssel oder die Küchenmaschine. Den Puderzucker und den Kakao in die Schüssel sieben und gut vermischen.

2 Die Schokolade im Wasserbad schmelzen und abkühlen lassen (siehe S. 18).

3 Die Sahne und den Maissirup zur Schokolade hinzufügen und gut verrühren.

4 Die Schokoladenmasse zur Buttercreme geben und alles zu einer cremigen Masse verrühren.

Zitronen-Frischkäse-Buttercreme

1 Geben Sie die Butter und den Frischkäse in eine große Schüssel oder die Küchenmaschine.

2 Den Puderzucker in die Schüssel sieben und gut vermischen.

3 Den Zitronensaft und die -zesten hinzufügen und alles zu einer cremigen Masse verrühren.

Zutaten:

- 100 g weiche Butter
- 100 g Frischkäse
- 300 g Puderzucker
- 1½ TL Zitronensaft
- Geriebene Zeste einer Zitrone

Invertzucker

Invertzucker ist eine flüssige Form von Zucker, der für die Marshmallow-Perlen auf S. 48 benötigt wird.

1 Geben Sie den Zucker, 185 ml Wasser und den Zitronensaft in einen Topf mit schwerem Boden.

2 Unter ständigem Rühren zum Kochen bringen. Bei niedriger Hitze 20 Minuten köcheln lassen und gelegentlich umrühren.

3 In ein Glasgefäß mit Deckel füllen. Invertzucker kann nach dem Abkühlen bis zu 3 Wochen im Kühlschrank aufbewahrt werden.

Zutaten:

- 500 g Zucker
- 2 EL Zitronensaft

Geschenkverpackungen

Sie wollen Ihre kleinen Köstlichkeiten bestimmt oft an Freunde und Familie verschenken. Hier habe ich ein paar Verpackungsideen, die Ihre Geschenke noch schöner und leckerer wirken lassen!

Eine durchsichtige Zellophanhülle mit hübscher Schleife ist eine einfache, aber wirkungsvolle Verpackung für Plätzchen und Süßes.

Bewahren Sie Geschenkschachteln auf, die sie erhalten – diese können wunderbar wiederverwendet und mit Süßem gefüllt werden.

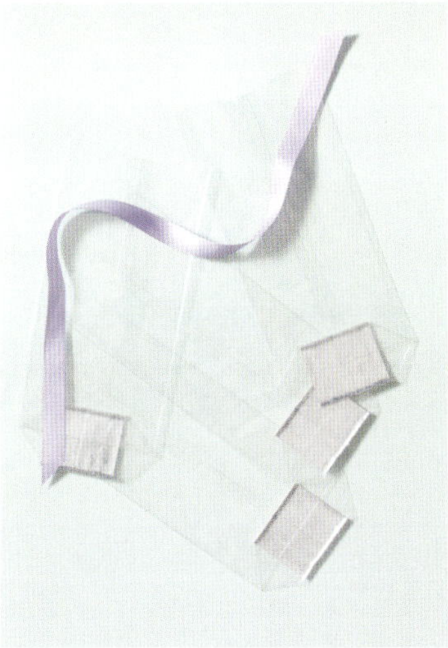

In den meisten Bastelgeschäften gibt es durchsichtige Umschläge zu kaufen. Wählen Sie dazu ein Band, das zur Farbe der selbstgemachten Köstlichkeiten passt.

Auf Alt gemachte Geschenkanhänger an durchsichtigen Zellophantüten verleihen dem Geschenk etwas Nostalgisches.

Nehmen Sie alte Schmuck- oder Uhrschachteln und füllen Sie sie mit ihren eigenen Süßigkeiten-Juwelen.

Organzabeutelchen sind in Geschenkläden in verschiedenen Größen, Farben und Formen erhältlich.

Um das nostalgische Gefühl der Süßwarenläden von früher zu erwecken, eignen sich Papiertüten mit klaren Mustern.

Einfache längliche Schachteln verwandeln sich in Geschenkschachteln, wenn man farbiges Papier einlegt und sie mit einer Schleife versieht. Sie können auch alte Schachteln für Früchte oder Eier verwenden – dies verleiht den Geschenken ein ländliches Flair.

Pappschachteln mit Griffen sind die ideale Verpackung für Cupcakes.

Kapitel 2

Wunderschöne Köstlichkeiten für Mädchen

Wackelpudding-Smaragde

Diese leuchtenden Wackelpudding-Juwelen fangen das Licht ein und täuschen die Augen. Servieren Sie die glamourösen Köstlichkeiten mit Eis oder pur.

Zutaten:

- 100 g grünes Wackelpudding-pulver
- 2 EL Gelatine-pulver
- Lebensmittelfarbe (optional)

AUSRÜSTUNG

- Hitzebeständiger Krug
- Juwelenförmchen

1 Geben Sie das Wackelpuddingpulver, die Gelatine und eine Tasse kaltes Wasser in einen Topf und erhitzen Sie das Ganze vorsichtig unter Rühren. Wenn sich das Pulver aufgelöst hat, können Sie auf Wunsch zusätzliche Farbe mit einem Zahnstocher zugeben. 5 Minuten in einem hitzebeständigen Krug auskühlen lassen und darauf achten, dass keine Blasen mehr darin sind.

2 Vorsichtig in die Formen gießen. Die Formen bis oben hin füllen, da sie sich dadurch leichter lösen lassen. 10 Minuten auskühlen lassen, dann für weitere ca. 10 Minuten in den Kühlschrank stellen, bis sie fest geworden sind. Aus der Form lösen und genießen!

Ergibt 6 große oder 12 kleine Juwelen

Tipp:
Sie können auch andere Juwelen machen: Nehmen Sie z.B. rotes Wackelpuddingpulver für Rubine.

Perlenmuschel-Lutscher

Vom Meer inspiriert, sind diese glamourösen Perlen-Lutscher ein schickes Geschenk für Erwachsene oder ein schöner Tischschmuck – entweder einzeln in Tüten mit hübschen Bändern verpackt oder in hübschen Gläsern mit an Sand erinnerndem Zucker.

Zutaten:

- 225 g Zucker
- 5 EL Maissirup
- Große essbare Perlen

AUSRÜSTUNG

- Muschel-Lutscherformen
- Lutscherstiele
- Zuckerthermometer
- Zahnstocher
- Gefetteter hitzebeständiger Krug

1 Buttern Sie die Form leicht und platzieren Sie die Stiele. Die essbaren Perlen und den Zahnstocher bereitlegen.

2 Den Zucker, 125 ml Wasser und den Maissirup in einen Topf mit schwerem Boden geben und verrühren. Ein Zuckerthermometer befestigen und zu rühren beginnen. Den Zucker auf 135 °C erhitzen. Die Temperatur nicht höher steigen lassen, da sich die Masse sonst gelb verfärbt.

3 Sobald die Flüssigkeit die gewünschte Temperatur erreicht hat, die Flüssigkeit in einen gefetteten hitzebeständigen Krug geben, bis die Blasen geplatzt sind. Dann in die Form füllen. Arbeiten Sie schnell, da die Flüssigkeit schnell fest wird.

4 Eine Perle in jeden Lutscher geben und mit dem Zahnstocher in die Mitte der Muschel legen. Die Lutscher mindestens eine Stunde fest werden lassen. Lösen, auf Wachspapier legen und luftdicht verpackt auf Wachspapier aufbewahren oder leicht mit Maismehl bestäuben.

Ergibt 5 Lutscher

Kristall-Cupcakes

Diese glitzernden und knusprigen Kristall-Cupcakes sind das ideale für eine Party oder als Geschenk für ein Mädchen. Der Kandiszucker kann in verschiedenen Farben gefärbt werden.

Zutaten:

- 1 Portion Zitronen-Cupcakes (S. 13)
- weißer Kandiszucker
- Lebensmittelfarbe
- 1 Portion Zitronen-Frischkäse-Buttercreme (S. 24)

AUSRÜSTUNG

- Palettenmesser

1 Bereiten Sie 12 Zitronen-Cupcakes nach dem Rezept auf S. 13 zu. Während sie auskühlen, den Kandis auf Schüsselchen verteilen und in jede eine andere Lebensmittelfarbe geben. Mit einem kleinen Löffel gut verrühren, bis die Kandisklumpen wie Halbedelsteine aussehen. Die Kristalle 30 Minuten trocknen lassen.

2 Die Zitronen-Frischkäse-Buttercreme auf Schüsselchen verteilen. In jedes eine kleine Menge einer Lebensmittelfarbe geben. Ich wähle Violett für Amethyst-Cupcakes, Pink für Rubin-Cupcakes, Grün für Smaragde und Gelb für Citrin. Mit einem Palettenmesser die Creme auf den Cupcakes verteilen.

3 Während die Creme feucht ist, die Cupcakes in die farbigen Kristalle eintauchen und darin drehen, bis die Kristalle gleichmäßig auf der Creme verteilt sind.

Ergibt 12 große Cupcakes

Zuckerarmreifen

Klebrig-süße Zuckerarmreifen machen Spaß und können in unterschiedlichen Farben und Geschmacksrichtungen hergestellt werden. Sie ergeben ein tolles Geschenk oder können mit Bändern geschmückt und an den Weihnachtsbaum gehängt werden.

Zutaten:

- 225 g Zucker
- 1 EL Maisstärke
- 125 ml Maissirup
- 1 EL geschmolzene Butter
- Lebensmittelfarbe
- Einige Tropfen Aroma oder ½ TL Vanilleextrakt

AUSRÜSTUNG

- 2 beschichtete Backbleche
- 1 gefetteter Krug
- Zuckerthermometer
- Runder Plätzchenausstecher oder Tasse

1 Den Ofen auf 110 °C vorheizen, um die Zuckerstangen darin warm zu halten. Die Backbleche fetten und zur Seite stellen. Den gefetteten hitzebeständigen Krug und die Lebensmittelfarbe bereitstellen, denn nachher muss es schnell gehen.

2 Den Zucker, die Maisstärke, den Sirup, die Butter und 125 ml Wasser in einen Topf geben und verrühren. Den Zucker bei mittlerer Hitze schmelzen lassen. Ein Zuckerthermometer befestigen. Die Mischung zum Kochen bringen, bis sie 126 °C erreicht, dann sofort vom Herd nehmen. Während des Kochens nicht unbeaufsichtigt lassen. Für zweifarbige Armbänder die Masse halbieren. Die Hälfte in den gefetteten hitzebeständigen Krug geben und die Lebensmittelfarbe und das Aroma beifügen und verrühren. Auf ein gefettetes Backblech geben und leicht auskühlen lassen. Mit der anderen Hälfte ebenso verfahren. Ein Backblech in den Ofen stellen, um die Masse warmzuhalten.

3 Die Hände einfetten und, wenn die Mischung ausreichend abgekühlt ist, diese vom Blech lösen und ziehen.

4 Immer wieder die Enden aufeinanderlegen und erneut lang ziehen. Die Masse sollte glänzend und dichter werden und sich gut bearbeiten lassen. Die Schritte 3 und 4 mit der anderen Hälfte wiederholen.

5 Eine der Mischungen nehmen und ziehen, anschließend verdrehen, bis sich daraus eine Stange formen lässt.

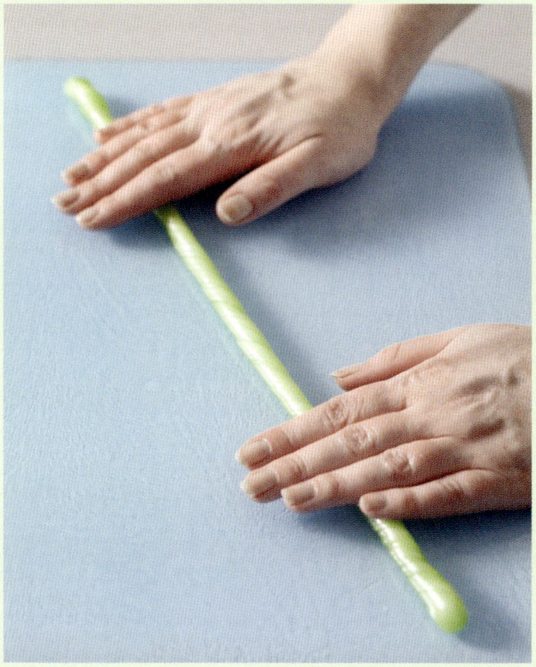

6 Auf eine ebene Oberfläche geben und rollen, bis sich eine lange, gleichmäßige Rolle von 1cm Dicke bildet. Mit der anderen Hälfte wiederholen, so dass Sie zwei farbige Rollen gleicher Länge erhalten.

Tipp:
Halten Sie ein Becken mit heißem Wasser bereit, um die Ausrüstung einweichen und hart gewordenen Zucker lösen zu können.

7 Die beiden Rollen nehmen und umeinander verdrehen, so dass sich eine zweifarbige Schnur ergibt. Die Armbänder um eine runde Form legen.

8 Die Schnur um die runde Form fest ziehen und die Enden aneinander befestigen: Entweder die Enden umeinander drehen oder mit der Schere so abschneiden, dass sie sich treffen. Mit dem Rest der Schnur weitere Armbänder machen. In einem luftdichten Behälter oder auf gefettetem Papier aufbewahren oder, falls Sie sie zur Dekoration verwenden wollen, leicht mit Maisstärke bestäuben, damit sie nicht kleben.

Ergibt 4 Armbänder

Goldring-Schokoladen-Cupcakes

Schokoladige Cupcakes mit einem essbaren Goldring als Krönung – das ideale Geschenk für ein Mädchen oder für einen Frauenabend.

Zutaten:

- 1 Portion Schokoladen-Cupcakes (S. 14)
- 100 g weiße Schokolade
- Lebensmittelfarbe
- 250 g Milchschokolade
- 1 Portion Schokoladen-Buttercreme (S. 24)
- Essbarer Kleber
- Essbarer Goldstaub

AUSRÜSTUNG

- Goldfarbene Cupcake-Förmchen
- Zahnstocher
- Kleine Pinsel
- Plastikflaschen mit Tülle
- Ringformen
- Kleines Palettenmesser
- Wachspapier

1 Stellen Sie nach dem Rezept auf S. 14 eine Portion mittelgroßer Schokoladen-Cupcakes in Goldförmchen her und lassen Sie sie auskühlen. Die weiße Schokolade schmelzen (siehe S. 18). Mit einem Zahnstocher etwas Lebensmittelfarbe in die Schokolade rühren. Mit einem kleinen Pinsel die Schokolade in den Juwelen-Teil des Förmchens füllen. Die Form leicht bewegen, damit sich die Schokolade verteilt dann 15 Minuten in den Kühlschrank stellen.

2 Während die Schokolade fest wird, die Milchschokolade schmelzen. Die Hälfte in einen kleinen Krug oder eine Plastikflasche mit Tülle geben und in die Förmchen füllen. Die Form leicht bewegen und wieder für 30 Minuten in den Kühlschrank stellen. Die restliche Schokolade für die Buttercreme verwenden.

3 Eine Portion Schokoladen-Buttercreme nach dem Rezept auf S. 24 herstellen. Mit einem kleinen Palettenmesser die Buttercreme auf den Cupcakes verteilen. Die Ringe aus dem Kühlschrank nehmen und aus den Formen lösen. Auf Wachspapier legen. Eine kleine Portion essbaren Kleber auf die Milchschokolade geben und diesen Teil des Rings mit einem trockenen Pinsel mit essbarem Goldstaub bestäuben. Je einen Ring auf die Cupcakes legen.

Ergibt 16 Cupcakes

Jugendstil-Libellen und -Schmetterlinge

Wunderschöne Jugendstil-Insekten-Kekse sind ein zauberhafter Tischschmuck für eine Teegesellschaft in gehobenem Kreis.

Zutaten:

- 1 Portion Vanilleplätzchenteig (S. 16)
- 1 Portion Royal Icing (S. 22)
- Grüne und blaue Lebensmittelfarbe
- Essbare Perlen

AUSRÜSTUNG

- Libellen- und Schmetterlings-Ausstecher
- 4 Spritzbeutel mit sehr dünner Tülle
- Plastikflaschen mit Tülle

1 Heizen Sie den Ofen auf 160 °C vor. Den Vanilleplätzchenteig (S. 16) ausrollen und eine Portion Schmetterlings- und Libellen-Plätzchen ausstechen. Das Royal Icing (S. 22) auf drei Schüsseln verteilen und mit blauer und grüner Farbe mischen. Jeweils die Hälfte der Mischungen in einen Spritzbeutel geben. Den übrigen Guss verdünnen und in Plastikflaschen mit Tülle füllen.

2 Vorsichtig mit unterschiedlichen Farben einen Umriss um jeden Keks ziehen und etwa 1 Stunde trocknen lassen.

3 Die Kekse mit der passenden Farbe ausfüllen. Leicht bewegen, um den Guss gleichmäßig zu verteilen (S. 22). Mindestens 2 Stunden, besser über Nacht, trocknen lassen.

4 Mit den Spritzbeuteln die Flügeldetails auftragen, kleine essbare Perlen hinzufügen und über Nacht trocknen lassen.

Ergibt etwa 20 Kekse

Schokoladen-Kameen

Diese wunderschönen Kameen ergeben ein wundervolles, leckeres Geschenk. Diese Art von Kameen – ein wunderschönes Frauenprofil in ovalem Rahmen – war vor allem zur Zeit von Königin Viktoria sehr beliebt.

Zutaten:

- 200 g weiße Schokolade
- 300 g Milchschokolade
- Rosa und blaue Lebensmittelfarbe

AUSRÜSTUNG

- Pinsel
- Plastikflaschen mit Tülle
- Kameenform

1 Die weiße Schokolade schmelzen (S. 18) und leicht abkühlen lassen. Mit einem Pinsel oder einer Plastikflasche mit Tülle die Dame im Förmchen vorsichtig ausmalen. Die Form leicht bewegen, damit sich die Schokolade gleichmäßig verteilt, und für 15 Minuten zum Festwerden in den Kühlschrank stellen.

2 Die Milchschokolade schmelzen (S. 18). Die Schokolade vorsichtig bis zum Rand der Form über die weiße Schokolade geben. Die Form leicht bewegen, damit sich die Schokolade gleichmäßig verteilt, und für 30 Minuten zum Festwerden in den Kühlschrank stellen.

3 Aus dem Kühlschrank nehmen und vorsichtig die Kameen aus den Formen lösen.

Ergibt 16 Kameen

Tipp:

Für rosafarbene und blaue Kameen jeweils einen Teil der weißen Schokolade rosa und blau einfärben. Mit ruhiger Hand eine Lage farbige Schokolade in die Kameen bringen, bevor diese mit weißer Schokolade gefüllt werden. Jede Schicht einzeln fest werden lassen.

Jakobsmuschel-Anhänger

Das Medaillon einer Meerjungfrau aus köstlichen Vanillekeksen mit einer Marzipanperle – aufgefädelt auf einem hübschen Band ein wunderbares Geschenk.

Zutaten:

- 1 Portion Vanilleplätzchenteig (S. 16)
- 50 g Marzipan
- Essbarer Perlenglanz
- Essbarer Kleber oder Royal Icing

AUSRÜSTUNG

- Muschelausstecher
- Zahnstocher
- Sehr dünne Spritztülle
- Pinsel
- Kordel oder Band zum Aufhängen

1 Den Ofen auf 160 °C vorheizen. Den Vanilleplätzchenteig 3–4 mm dick ausrollen. Die Muscheln ausstechen und mit einem Zahnstocher die Vertiefungen eindrücken. Von der Mitte nach außen arbeiten, damit es gleichmäßig wird. Mit der ganz dünnen Tülle ein Loch am oberen Ende der Plätzchen machen. 12–15 Minuten backen.

2 Kleine Stückchen Marzipan abbrechen und kleine Perlen mit ca. 1 cm Durchmesser rollen.

3 Mit einem trockenen Pinsel die Kugeln mit essbarem Perlenglanz bestäuben. Nach dem Auskühlen etwas Perlenglanz in die Vertiefungen und an die Kanten der Muscheln pinseln.

4 Etwas essbaren Kleber oder Royal Icing unter das Loch geben und die Perle aufsetzen. Nun ein hübsches Band einfädeln!

Ergibt etwa 18 Plätzchen

Marshmallow-Perlen

Diese delikaten Marshmallow-Perlen sind ein herrliches Begrüßungsgeschenk für eine Einladung zum Abendessen oder ein ganz besonderes Hochzeitsgeschenk.

Zutaten:

- 2 EL Gelatinepulver
- 300 g Zucker
- 185 ml Invertzucker (S. 25)
- 125 ml Maissirup
- 1 TL Vanilleextrakt
- Runde Silikonförmchen
- Spritzbeutel mit Tülle
- Puderzucker und Maisstärke
- 200 g weiße Schokolade
- Essbarer Perlenglanz
- Pinsel

1 Die Gelatine in 4 EL Wasser einweichen. In einem Topf mit schwerem Boden den Zucker, weitere 4 EL Wasser und den Invertzucker mischen und erhitzen, aber nicht kochen. Die Gelatine mit dem Wasser mit dem Mixer verrühren und langsam den heißen Sirup zufügen. Langsam den Maissirup und Vanilleextrakt zufügen. Anschließend bei mittlerer Geschwindigkeit rühren, bis sich das Volumen der Masse verdoppelt hat und diese schaumig und fest geworden ist.

2 Die Vertiefungen der Silikonform fetten und mit Maismehl auspinseln. Einen Spritzbeutel mit einer 1-cm-Tülle mit der Masse füllen und diese in die Vertiefungen geben. An einem kühlen, trockenen Platz mindestens eine Stunde fest werden lassen.

3 Die Marshmallows aus der Form lösen und in einer Mischung aus gesiebtem Puderzucker und Maisstärke wälzen, damit sie nicht zusammenkleben. Einige Stunden trocknen lassen.

4 Die weiße Schokolade schmelzen (S. 18) und etwas abkühlen lassen. Jeden Marshmallow mithilfe einer Gabel in die Schokolade tauchen und überschüssige Schokolade sanft abschütteln. Auf Wachspapier abkühlen lassen und im Kühlschrank fest werden lassen. Mit einem Pinsel jeden Marshmallow mit Perlenglanz bestäuben.

Ergibt 30 Marshmallows

Zutaten:

- 1 Portion Vanilleplätzchenteig
- 1 Portion Royal Icing (S. 22)
- Kornblumenblaue Lebensmittelfarbe
- ½ Portion Fondant (S. 20)
- Essbare Perlen

AUSRÜSTUNG

- Plastikflaschen mit Tülle
- Ovale Ausstecher
- 2 Spritzbeutel mit sehr dünner Tülle
- Silikon-Kameenform

Wedgwood-Kameen

Eine elegente Kamee im Wedgwood-Stil, die man am besten mit einer Damengesellschaft teilt. Servieren Sie sie mit einer Tasse Tee – möglichst in feinem Wedgwood-Porzellan.

1 Den Ofen auf 160 °C vorheizen. Eine Portion ovale Vanilleplätzchen (S. 16) herstellen und auskühlen lassen. Die Hälfte des Royal Icing in eine Schüssel geben, mit der blauen Farbe färben und einen Spritzbeutel mit der Hälfte davon füllen. Den Rest des blauen Royal Icing mit einigen Tropfen Wasser verdünnen und in eine Plastikflasche geben. Das weiße Royal Icing in einen Spritzbeutel füllen.

2 Vorsichtig mit dem Spritzbeutel einen blauen Umriss um das Plätzchen zeichnen und etwa eine Stunde trocknen lassen. Wenn der Umriss trocken ist, mit dem blauen Royal Icing aus der Plastikflasche ausfüllen. Leicht bewegen, damit sich der Guss gleichmäßig verteilt (S. 22). Für mindestens 2 Stunden trocknen lassen, am besten über Nacht.

3 Die Innenseite der Silikonform mit Maisstärke bestäuben. Einen kleinen Ball aus Fondant formen, flach drücken und in die Form drücken. Für 5–10 Minuten in der Form lassen und dann vorsichtig lösen. Ungleichmäßige Ränder mit dem Messer glatt schneiden.

4 Mit dem weißen Royal Icing eine Kamee in die Mitte jedes Plätzchens kleben und kleine Punkte um die Außenseite des Plätzchens spritzen. Eine Linie weißes Royal Icing als Kleber für die Perlen direkt um den Außenrand der Kamee spritzen. Einen Ring aus Perlen aufsetzen und die Kamee vollständig trocknen lassen.

FIUME

Kapitel 3

Schmuck für den eleganten Herrn

Pfefferminz-Monokel

Dies sind leicht exzentrische Ingwer-Vanille-Kekse mit Pfefferminzglas in der Mitte. Mit einem Band sind sie perfekt zum Tunken in den Kaffee.

Zutaten:

- ½ Portion Ingwerplätzchenteig (S. 17)
- ½ Portion Vanilleplätzchenteig (S. 16)
- 200 g klare Minzbonbons

AUSRÜSTUNG

- Uhrenausstecher
- Runder Ausstecher
- Spritztülle (5 mm)
- Beschichtetes Backblech, gut gefettet
- Band zur Dekoration

Tipp:
Verarbeiten Sie die ausgestochenen Kreise zu Knopfhappen (S. 56).

1 Heizen Sie den Ofen auf 160 °C vor. Rollen Sie die beiden Teige auf einer leicht mit Mehl bestäubten Oberfläche aus. Zuerst die Uhrenformen ausstechen, dann mit einem kleineren kreisförmigen Ausstecher die Mitte ausstechen, aber so, dass ein Rand von 5–8 mm bleibt. Mit der Spritztülle ein Loch am oberen Ende des Monokels ausstechen. Die Kekse vorsichtig auf das Backblech legen. Für 5 Minuten in den Kühlschrank stellen, anschließend 5 Minuten backen, bis sie leicht goldbraun werden.

2 Die Minzbonbons in einen Gefrierbeutel geben und mit dem Nudelholz auf einer unempfindlichen Oberfläche zerkleinern.

3 Die Mitte der Monokel mit den Bonbons füllen, aber nicht zu hoch stapeln. Für weitere 5–6 Minuten backen, so dass die Bonbons schmelzen. Aus dem Ofen nehmen und 15 Minuten auskühlen lassen. Mit einem Palettenmesser auf ein Kuchengitter geben und auskühlen lassen. Ein Band durch jedes Loch ziehen.

Ergibt etwa 20 Kekse

BUTTON BITES

Knopfhappen

Schenken Sie diese Happen Ihrem Liebsten. Sie sind schnell gemacht und schön zu verpacken: Nähen Sie sie auf eine nostalgische Knopfkarte oder verpacken Sie sie in kleine Tüten – ein Geschenk nach Maß!

Zutaten:

- ½ Portion Ingwerplätzchenteig (S. 17)
- ½ Portion Vanilleplätzchenteig (S. 16)

AUSRÜSTUNG

- Runde Ausstecher in verschiedenen Größen
- Spritztülle (5 mm)
- Palettenmesser
- Backblech, gefettet

1 Heizen Sie den Ofen auf 160 °C. Den Vanille- und Ingwerplätzchenteig auf einer leicht mit Mehl bestäubten Arbeitsfläche 5 mm dick ausrollen.

2 Verschieden große Knöpfe ausstechen. Machen Sie sie so klein, dass sie niedlich aussehen und gut zu verpacken sind – ich empfehle 5–8 cm Durchmesser. In jeden Knopf mit dem abgerundeten Ende eines kleineren Ausstechers eine Vertiefung drücken.

3 Mit einer Spritztülle zwei oder vier ordentliche Löcher machen. In den Teig drücken und hin und her bewegen. Die Kekse mit einem Palettenmesser auf das gefettete Backblech geben und für 5 Minuten in den Kühlschrank stellen. Dann 12–15 Minuten backen, bis sie leicht goldbraun werden.

Ergibt etwa 35 Kekse

Tipp:
Nähen Sie die Knöpfe zum Verschenken auf Karten oder fädeln Sie sie auf Bänder.

Erdnussbutter-Bärte

Für den distinguierten Gentleman oder ein großes Kind sind diese süßen Lutscher mit Erdnussbutterfüllung. Sie eignen sich auch für Partys, denn meist ergeben sich daraus lustige Fotos.

Zutaten:

- 200 g Milch- oder dunkle Schokolade
- Plastikflasche mit Tülle
- Schnurrbart-Lutscherform
- Pinsel
- Lutscherstiele

FÜLLUNG:

- 125 g Erdnussbutter
- 50 g weiche Butter
- 175 g Puderzucker
- 1 TL Salz oder Meersalz

1 Schmelzen Sie die Schokolade und lassen Sie sie leicht abkühlen (S. 18). Geben Sie sie in die Flasche und bestreichen Sie die Innenseite der Form gleichmäßig mit Schokolade – evtl. einen Pinsel zur Hilfe nehmen. Die Form im Kühlschrank fest werden lassen.

2 Alle Zutaten für die Füllung in der Küchenmaschine vermischen. Die Füllung hält sich luftdicht verpackt bis zu 3 Wochen im Kühlschrank.

3 Geben Sie eine kleine Menge Füllung in jede der Lutscherformen und drücken Sie sie fest. Es soll genug Platz für eine abschließende Schicht Schokolade bleiben. Den Lutscherstiel fest in die Mischung drücken.

4 Mit der Plastikflasche (siehe Tipp) die Formen mit der geschmolzenen Schokolade auffüllen. Mindestens 30 Minuten in den Kühlschrank stellen, dann vorsichtig herausdrücken und genießen.

Tipp:
Damit die Schokolade nicht fest wird, während Sie die Füllung machen, stellen Sie die Flasche mit der Schokolade in warmes Wasser.

Ergibt etwa 6 Lutscher

1897

Schokoladengeld

Ein wunderbarer Weg, an Geld zu kommen ... von der essbaren Sorte. Schokolade und essbarer Goldstaub ergeben zusammen ein wunderbares Geschenk für Männer.

Zutaten:

- 100 g weiße Schokolade
- 250 g Milch- oder dunkle Schokolade
- Essbarer Kleber
- Essbarer Goldstaub

AUSRÜSTUNG

- Pinsel
- Plastikflaschen mit Tülle
- Schokoladenmünzenform
- Wachspapier

1 Schmelzen Sie die weiße Schokolade (S. 18) und lassen Sie sie leicht auskühlen. Mit einem Pinsel das Gesicht in der Münzenform mit weißer Schokolade füllen. Die Form leicht bewegen, um die Schokolade gleichmäßig zu verteilen und für 15 Minuten in den Kühlschrank stellen.

2 Die Milch- oder dunkle Schokolade schmelzen und mithilfe eines kleinen Kruges oder einer Plastikflasche die Formen ausfüllen und leicht bewegen. Mindestens 30 Minuten in den Kühlschrank stellen.

3 Die Münzen vorsichtig auf Wachspapier drücken. Mit einem Pinsel eine kleine Menge essbaren Kleber auftragen und mit einem sauberen, trockenen Pinsel die Münzen mit Goldstaub bestäuben.

Ergibt etwa 20 Münzen

Taschenuhrkekse

Ein elegantes Geschenk für notorische Zu-Spät-Kommer. Diese leckeren Taschenuhrkekse sind auch ein schönes Geschenk zum Vatertag. Man kann ein Loch hinein machen und ein Band durchfädeln – so lassen sie sich aufhängen oder in den Tee stippen.

Zutaten:

- 1 Portion Vanilleplätzchenteig (S. 16)
- 1 Portion Fondant (S. 20)
- Uhrenausstecher
- Essbarer Kleber oder Aprikosenmarmelade
- Essbares Vergoldungsmittel
- Essbarer Goldstaub
- Schwarzes Royal Icing (S. 22) in einem Spritzbeutel mit zum Schreiben geeigneter Tülle
- Kleine Goldperlen

AUSRÜSTUNG

- Backblech
- Pinsel
- Runder Plätzchenausstecher

1 Heizen Sie den Ofen auf 160 °C vor. Den Vanilleplätzchenteig (S. 16) auf einer leicht bemehlten Arbeitsfläche 3–4 mm dick ausrollen. Die Uhrenformen ausstechen und auf ein gefettetes Backblech geben. 10 Minuten in den Kühlschrank stellen, dann 12–15 Minuten backen. Auskühlen lassen.

2 Die Arbeitsfläche mit Puderzucker oder Maisstärke bestäuben und den Fondant etwa 3 mm dick ausrollen. Uhrenformen ausstechen. In jede mit dem abgerundeten Ende eines kleineren runden Ausstechers eine Vertiefung drücken.

3 Eine kleine Menge essbaren Kleber auf jeden Keks pinseln. Sie können auch stattdessen angewärmte Aprikosenmarmelade verwenden.

4 Vorsichtig je eine Fondantuhr auf eine Keksuhr legen und vorsichtig festdrücken.

RABBIT

6 Mit dem Spritzbeutel das schwarze Royal Icing in die Vertiefung rund um die Uhr geben.

5 Eine dünne Schicht essbares Vergoldungsmittel auf die Außenseite und das untere Ende der Uhr auftragen und an diesen Stellen die Uhr mit einem kleinen trockenen Pinsel vorsichtig mit Gold bestäuben.

7 Beginnend bei 12 Uhr, Striche für jede Stunde auf die Uhr zeichnen. Wenn Sie eine ruhige Hand haben, können Sie auch die Nummern malen.

8 In der Mitte der Uhr beginnend, einen kurzen Strich für den Stundenzeiger und einen langen Strich für den Minutenzeiger auftragen. Einen kleinen Pfeilkopf auf jeden Zeiger malen und einen kleinen Punkt, wo sich die Zeiger in der Mitte treffen.

9 Zum Schluss eine kleine Goldperle vorsichtig mit dem Zahnstocher auf dem Schnittpunkt der beiden Zeiger platzieren.

Ergibt etwa 20 Kekse

Fondantsiegel

Die optimale Postkarte für Genießer! Diese gestempelten Siegel eignen sich als persönliches Geschenk – Sie können jede Art Siegelstempel benutzen und das Siegel dann auf einem essbaren Umschlag aus Reispapier anbringen.

Zutaten:

- 250 g Puderzucker
- ¼ TL Weinstein
- 1 Eiweiß, leicht geschlagen
- 4 EL Sahne
- Erdbeeraroma
- Rote Lebensmittelfarbe
- Royal Icing (S. 22)

AUSRÜSTUNG

- Siegelstempel
- Wachspapier
- 5 Bögen Reispapier

1 Den Puderzucker und Weinstein in eine Schüssel sieben. Langsam das Eiweiß und die Sahne zugeben und gut vermischen. Einige Tropfen Erdbeeraroma und rote Lebensmittelfarbe zugeben und alles zu einem Teig verkneten. Weiteren Puderzucker zufügen, falls der Teig zu klebrig ist. Etwas Puderzucker auf ein Brett sieben und den Fondant darauf kneten, bis er weich ist und sich die Farbe gut verteilt hat. In Frischhaltefolie einwickeln und eine Stunde ruhen lassen.

2 Etwas Fondant mit den Fingern lösen und zur Kugel rollen. Den Siegelstempel in etwas Puderzucker tauchen und in die Kugel drücken. Auf Wachspapier trocknen lassen.

3 Aus Reispapier ein Rechteck und ein dazu passendes Dreieck ausschneiden. Mit Royal Icing zu einem kleinen Umschlag zusammenkleben und das Siegel daran mit Royal Icing als Verschluss befestigen.

Ergibt etwa 20 Siegel

Kapitel 4

Geschenke für besondere Gelegenheiten

Engel-Cupcakes

Ein himmlisches Geschenk ... ein goldener Engel auf einem prächtigen und leckeren Cupcake verleiht der Weihnachtsfeier den letzten Schliff oder ist ein wunderbares Geschenk für die Lieben zur Weihnachtszeit.

Zutaten:

- ½ Portion Vanille-Cupcakes (S. 13)
- 300 g weiße Schokolade
- ½ TL Mandelaroma bzw. -essenz
- 1 Portion Buttercreme (S. 23)
- Türkise Lebensmittelfarbe
- Essbarer Kleber
- Essbarer Goldstaub

AUSRÜSTUNG

- Goldene Muffinförmchen
- Krug oder Plastikflasche mit Tülle
- Engelform
- Zahnstocher
- Spritzbeutel mit 1 cm-Tülle
- Kleiner Pinsel

1 Die auf S. 13 angegebene Menge für Vanille-Cupcakes halbieren und 6 große Cupcakes in Goldförmchen zubereiten. Während die Cupcakes abkühlen, die weiße Schokolade schmelzen (S. 18) und etwas abkühlen lassen. Die Schokolade in einen Krug oder eine Plastikflasche mit Tülle füllen. Die Engelformen mit Schokolade füllen und leicht aufschlagen, um Blasen zu lösen. Die Schokolade mindestens eine Stunde fest werden lassen.

2 Das Mandelaroma zur Buttercreme (S. 23) hinzufügen. Mit einem Zahnstocher Lebensmittelfarbe zugeben und mischen, bis die Farbe gleichmäßig verteilt ist. Einen Spritzbeutel mit der Creme füllen und die Oberseite der Cupcakes in Kreisen damit verzieren.

3 Die Engel aus dem Kühlschrank nehmen und vorsichtig aus den Formen lösen. Auf Wachspapier legen. Mithilfe eines Pinsels die Oberfläche mit essbarem Kleber bestreichen. Mit einem trockenen, sauberen Pinsel die Engel mit Goldstaub bestäuben. Einen Engel auf jeden Cupcake platzieren.

Ergibt 6 große Cupcakes

Glasfenster-plätzchen

Diese Glasfenster-Schneeflocken-Plätzchen können in einer Vielzahl festlicher Farben hergestellt werden und sehen als Fensterdekoration herrlich aus – das perfekte essbare Weihnachtsgeschenk.

Zutaten:

- 1 Portion Vanilleplätzchenteig (S. 16)
- 1 Packung Hartbonbons in unterschiedlichen Farben

AUSRÜSTUNG

- Gefettetes, antihaftbeschichtetes Backblech
- Schneeflockenausstecher
- Zahnstocher
- Dünne Spritztülle
- Kleines Palettenmesser
- Band zum Aufhängen

1 Den Ofen auf 160 °C vorheizen. Den Vanilleplätzchenteig (S. 16) auf einer leicht bemehlten Arbeitsfläche 3–4 mm dick ausrollen. Auf das gefettete Backblech legen. Es ist einfacher, die Plätzchen direkt auf dem Blech auszustechen, da sie später zu empfindlich zum Bewegen sind. Die Schneeflocken ausstechen und mit den kleinen Ausstechern die Muster innen ausstechen. Überflüssige Teigreste mit einem Zahnstocher entfernen. Mit der Spritztülle ein Loch ausstechen, durch das später das Band gefädelt wird. Die Plätzchen 10 Minuten in den Ofen stellen und anschließend 6 Minuten backen. Auf dem Blech auskühlen lassen.

2 Die Bonbons nach Farben sortieren und in Plastikbeutel geben, anschließend mit dem Nudelholz auf einer unempfindlichen Oberfläche zerkleinern.

3 Die ausgestochenen Muster in den Schneeflocken mit den Bonbons füllen, diese dabei nicht zu hoch stapeln. Weitere 5–6 Minuten backen. Aus dem Ofen nehmen. Die „gläsernen" Teile werden Blasen haben, die jedoch nach und nach verschwinden. Mindestens 20 Minuten auf dem Blech auskühlen lassen. Mit einem kleinen Palettenmesser auf ein Kuchengitter heben und auskühlen lassen. Durch jedes Plätzchen ein Band zum Aufhängen ziehen.

Ergibt 12 Plätzchen

Kristallzuckereier

Diese regenbogenfarbenen Eier eignen sich wunderbar für Osterdeko oder als essbares Geschenk. In jedes Ei kann man eine Kleinigkeit als Überraschung legen.

Zutaten:

- 4 x 125 g extrafeiner Zucker
- 4 x ½ TL Trockeneiweiß
- Verschiedene Lebensmittelfarben

AUSRÜSTUNG

- Zahnstocher
- Form für Eier
- Wachspapier

1 Den Zucker auf vier unterschiedliche Schüsseln verteilen, in jede ½ TL Trockeneiweiß geben und vermischen.

2 ½ TL Wasser in eine kleine Schüssel geben und etwas Lebensmittelfarbe mit einem Zahnstocher einrühren. Am besten eignen sich Pastelltöne.

3 Das gefärbte Wasser in eine Schüssel Zucker geben und gut vermischen. Der Zucker fühlt sich dann wie feuchter Sand an. Wenn Sie ihn drücken, sollte die Form Ihrer Hand zu sehen sein – dann ist er fertig.

4 Schritt 2 und 3 wiederholen, bis Sie 4 Schüsselchen mit Zucker in 4 unterschiedlichen Farben haben.

5 Mit einem Teelöffel etwas farbigen Zucker in die Form geben und mit dem Finger festdrücken.

6 Dasselbe mit einer zweiten Farbe wiederholen und so mit den einzelnen Lagen fortfahren, dabei jede Lage einzeln festdrücken. Sie sollten mindestens 3-4 Lagen in verschiedenen Farben haben.

7 Wenn alle Formen bis oben voll sind, die Oberfläche glätten und überschüssigen Zucker entfernen. Ein Blatt Wachspapier auf ein Backblech legen und dieses auf die Form legen. Gut festdrücken, dann vorsichtig die Form drehen.

8 Vorsichtig die Form heben – die Eier sollten fest stehen bleiben. An einem kühlen, trockenen Ort auf dem Backblech trocknen lassen. Mindestens 4 Stunden oder über Nacht trocknen lassen.

9 Wenn die Eier trocken sind, jedes Ei mithilfe eines Teelöffels glätten, dann aushöhlen: Dazu den Löffel in die Mitte des Eis stellen und zu drehen anfangen. Fortfahren, bis der Rand des Eis etwa 5–6 mm dick ist. Ein kleines Geschenk darin verstecken, dann zwei Hälften zu einem Ei zusammenfügen.

Ergibt 6 Eier

Schleifenkekse

Sagen Sie „Herzlichen Glückwunsch" oder „Alles Gute zum Geburtstag" mit diesen Schleifen. Mit leuchtendem Fondant verziert, können die Schleifen mit jeder passenden Zahl dekoriert werden.

Zutaten:

- 1 Portion Ingwerplätzchenteig
- Fondant (S. 20 oder fertig gekauft)
- Lebensmittelfarbe
- Maisstärke
- Essbarer Kleber oder Aprikosenmarmelade

AUSRÜSTUNG

- Schleifenausstecher
- Backblech
- Pinsel
- Palettenmesser
- Rüschenausstecher
- Runder Ausstecher
- Zahnstocher
- Buchstaben- und Zahlenausstecher

1 Den Ofen auf 160 °C vorheizen. Den Ingwerplätzchenteig auf einer leicht bemehlten Oberfläche ausrollen und Schleifenformen ausstechen. Auf ein gefettetes Backblech legen. 15–20 Minuten backen. Auskühlen lassen. Den Fondant mit der gewünschten Lebensmittelfarbe färben. Die Arbeitsfläche leicht mit Maisstärke bestäuben und den Fondant 2–3 mm dick ausrollen. Mit dem Schleifenausstecher ausstechen.

2 Essbaren Kleber oder erwärmte Aprikosenmarmelade auf die Oberfläche der Plätzchen auftragen.

3 Mit einem Palettenmesser die Fondantschleife auf den Keks heben.

Ergibt 12 Kekse

8
1
1

4 Die Arbeitsfläche leicht mit Maisstärke bestäuben und einen andersfarbigen Fondant 2 mm dick ausrollen. Mit dem Rüschenausstecher und dem runden Ausstecher eine Rüsche ausstechen.

5 Mit dem Zahnstocher entlang der Rüsche rollen, damit diese dünner und rüschig wird. Schritte 4–5 wiederholen, um eine zweite, kleinere Rüsche herzustellen.

6 Die Fondantseite des Kekses mit essbarem Kleber bestreichen und erst die größere Rüsche platzieren. Wiederholen und die zweite Rüsche platzieren.

7 Mit einem kleinen runden Ausstecher die Mitte der Schleife ausstechen, anschließend den gewünschten Buchstaben oder die Zahl ausstechen. Beide mit essbarem Kleber fixieren. Statt des Buchstabens oder der Zahl können Sie auch mit essbarer Tinte oder Lebensmittelfarben auf die Schleife schreiben.

Ergibt 12 Kekse

Knopflutscher

Lustige und bunte Lutscher sind eine tolle Idee für Kindergeburtstage. Man kann sie den Kindern als Begrüßungsgeschenk geben oder in Gläsern zur Dekoration verwenden.

Zutaten:

- Flüssige Lebensmittelfarbe
- 250 g Zucker
- 5 EL Maissirup

AUSRÜSTUNG

- Knopflutscherform
- Lutscherstiele
- Zahnstocher
- Zuckerthermometer
- Gefetteter hitzebeständiger Krug
- Wachspapier

1 Die Lutscherform fetten und die Stiele platzieren. Beiseite stellen. Die Farbe und die Zahnstocher bereithalten. Den Zucker, 125 ml Wasser und den Maissirup in einen Topf mit schwerem Boden geben und verrühren. Ein Zuckerthermometer am Topf festmachen und die Flüssigkeit erhitzen. Ein Becken mit warmem Wasser bereithalten, um die Zuckermasse von den Utensilien lösen zu können.

2 Den Zucker auf 135 °C erhitzen. Die Temperatur darf nicht höher steigen, da sich die Masse sonst verfärbt. Nach Erreichen der gewünschten Temperatur sofort in einen gefetteten hitzebeständigen Krug geben.

3 Die Lebensmittelfarbe mit einem Metalllöffel einrühren. Warten, bis sich die Blasen reduziert haben. Eine kleine Menge in jede Lutscherform geben. Schnell arbeiten, da die Masse schnell fest wird.

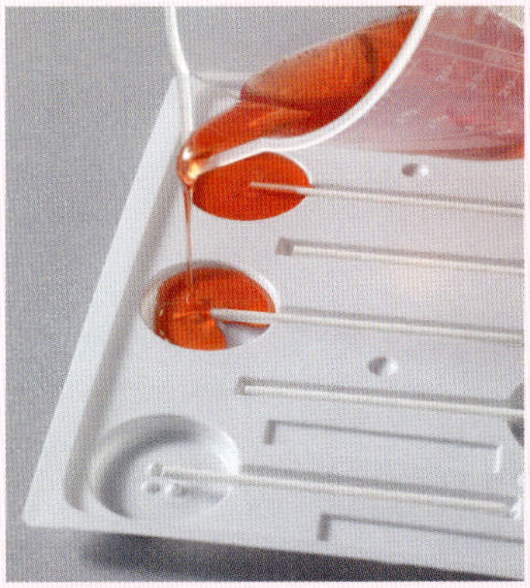

4 Die Lutscher mindestens eine Stunde fest werden lassen. Aus der Form lösen, dabei Wachspapier als Unterlage verwenden. In einem luftdichten Behälter auf Wachspapier lagern oder leicht mit Maismehl bestäuben, um ein Kleben zu verhindern.

Ergibt etwa 6 Lutscher

Baby-Cupcakes

Diese Mini-Cupcakes mit Sicherheitsnadeln aus Milchschokolade sind das perfekte Geschenk zur Taufe oder für frischgebackene Eltern.

Zutaten:

SICHERHEITSNADELN
- 100 g weiße Schokolade
- 200 g Milchschokolade
- Essbarer Kleber
- Essbarer Gold- und Silberstaub

CUPCAKES
- 1 Portion Vanille-Cupcakes (S. 13)
- 1 Portion Buttercreme (S. 23)
- Lebensmittelfarbe
- Rosenwasser
- Mandelaroma

AUSRÜSTUNG
- Sicherheitsnadelform
- Kleiner Krug oder Plastikflasche mit Tülle
- Pinsel
- Wachspapier
- Gold- und silberfarbene Muffinförmchen
- 2 Spritzbeutel mit Sterntüllen

1 Eine Portion Mini-Cupcakes mithilfe eines Mini-Muffinblechs herstellen. Auskühlen lassen. Während die Cupcakes auskühlen, die weiße Schokolade schmelzen (S. 18) und etwas abkühlen lassen.

2 Mit einem kleinen, sauberen Pinsel in der Form das Ende der Sicherheitsnadel, in das die Nadel eingesteckt wird, mit weißer Schokolade einpinseln. Die Form leicht bewegen, um die Schokolade gleichmäßig zu verteilen und Blasen zu entfernen, dann 15 Minuten in den Kühlschrank stellen. Währenddessen die Milchschokolade schmelzen. Etwas auskühlen lassen und in einen kleinen Krug oder eine Plastikflasche mit Tülle füllen. Die Form aus dem Kühlschrank nehmen und vorsichtig mit der Milchschokolade füllen. Die Form leicht bewegen, um die Schokolade gleichmäßig zu verteilen, und mindestens 40 Minuten in den Kühlschrank stellen.

3 Die Form aus dem Kühlschrank nehmen und die Sicherheitsnadeln auf Wachspapier herauslösen. Eine dünne Lage essbaren Kleber auf die weiße Schokolade auftragen und mit einem sauberen, trockenen Pinsel mit Gold- und Silberstaub bestäuben.

4 Die Buttercreme auf zwei Schüsseln verteilen und zwei Farben mischen, indem Sie kleine Mengen Lebensmittelfarbe mithilfe von Zahnstochern zufügen. Sie können auch etwas Aroma zugeben: Versuchen Sie ½ TL Rosenwasser in der rosanen und ½ TL Mandelaroma in der grünen (oder blauen – für Jungen) Buttercreme. Beginnen Sie mit dem Guss in der Mitte und arbeiten Sie sich spiralförmig nach außen. Platzieren Sie eine Sicherheitsnadel auf jeden Cupcake.

Ergibt 30 Mini-Cupcakes

Osterkekse à la Fabergé

Fabergéeier waren stets ein Zeichen von Opulenz und Extravaganz. Diese köstlichen Kekse wurden von den zierlichen Kreationen inspiriert, die der Freude der Zaren dienten. Dekorieren Sie sie mit farbigem Guss und essbaren Perlen, und Sie haben das perfekte Ostergeschenk.

Zutaten:

- 1 Portion Vanilleplätzchenteig (S. 16)
- 1 Portion Royal Icing (S. 22)
- Lebensmittelfarben in Pastelltönen
- Essbare Perlen

AUSRÜSTUNG

- Eierförmige Ausstecher
- Backblech
- 3 Spritzbeutel mit dünner Tülle

1 Den Ofen auf 160 °C vorheizen. Den Vanilleplätzchenteig (S. 16) auf einer leicht bemehlten Arbeitsfläche ausrollen und Eier ausstechen. Auf ein gefettetes Backblech legen. Für 12–15 Minuten backen. Eine Portion Royal Icing (S. 22) in verschiedenen Farben vorbereiten. Von jeder Farbe die Hälfte zum Verdünnen in Schüsseln geben (S. 22). Jede Mischung mit einigen Tropfen Wasser verdünnen, bis sie die Konsistenz von flüssiger Sahne hat.

2 Die andere Hälfte in Spritzbeutel füllen. Vorsichtig eine Linie am Rand der Kekse ziehen und etwa eine Stunde trocknen lassen, bevor Sie das Innere mit der verdünnten Flüssigkeit derselben Farbe ausfüllen. Leicht bewegen, um die Flüssigkeit gut zu verteilen (S. 22), dann die Kekse mindestens 2 Stunden, besser über Nacht, trocknen lassen.

3 Mit dem Royal Icing in den Spritzbeuteln die Fabergé-Muster auf die Eier malen. Lassen Sie sich vom Foto rechts dabei inspirieren.

4 Kleine essbare Perlen hinzufügen und über Nacht trocknen lassen, da der Guss vor dem Verpacken sehr hart sein sollte.

Ergibt etwa 30 Kekse

Mini-Hochzeits-kuchen

Kleine und individuelle Hochzeitskuchen sind ideale Geschenke zur Hochzeit oder bestens für kleine Hochzeiten im privaten Rahmen geeignet. Mit Zuckerperlen und -rosen dekoriert, können die verträumten Köstlichkeiten in allen möglichen Farben, passend zur Dekoration, vorbereitet werden.

Zutaten:

- 1 Vanillekuchen (S. 17)
- Aprikosenmarmelade
- 200 g Marzipan
- 1 Portion Fondant (S. 20)
- 1 Portion Royal Icing (S. 22) in einem Spritzbeutel
- Essbarer Perlenglanz

AUSRÜSTUNG

- Quadratische Backform (23 cm x 23 cm)
- Runde Ausstecher mit 4 und 6 cm Durchmesser
- Kleiner Backpinsel
- Kleiner Pinsel
- Perlenschnurform
- Bänder

1 Einen Vanillekuchen backen (S. 17). Wenn der Kuchen vollständig ausgekühlt ist, die beiden Lagen ausstechen. Falls die Lagen zu hoch sind, etwas mit einem scharfen Messer kürzen.

2 Aprikosenmarmelade erwärmen und in eine Schüssel geben. Mit einem Backpinsel die Oberseiten und Seiten mit der Marmelade bestreichen.

3 Das Marzipan etwa 2 mm dick ausrollen. Kreise ausschneiden, die groß genug sind, um jede Lage vollständig zu bedecken.

4 Das Marzipan oben und seitlich am Kuchen festdrücken und glätten. Überstehendes Marzipan abschneiden.

5 Den Fondant 2mm dick ausrollen. Kreise wie aus dem Marzipan ausschneiden. Das Marzipan mit etwas Wasser als Kleber bepinseln. Jeden Kuchen mit Fondant bedecken, glätten und den Überstand abschneiden. Den Fondant in Frischhaltefolie wickeln, wenn Sie nicht damit arbeiten, damit er nicht austrocknet. Für die Unterseite der unteren Lage aus dem Fondant einen Kreis mit dem 6cm-Ausstecher ausstechen und mit etwas Marmelade auf der Unterseite festkleben.

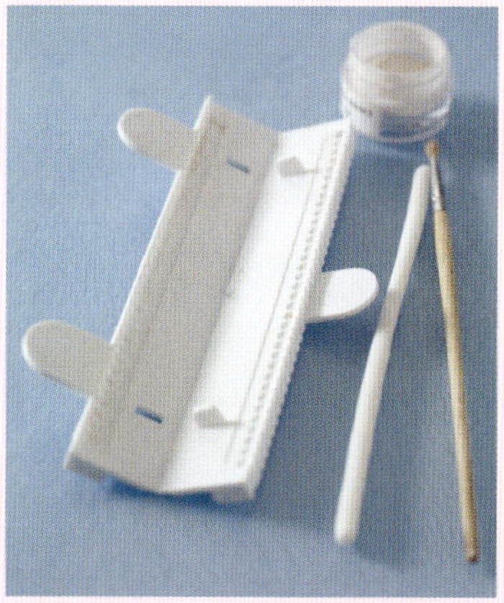

6 Die Innenseite der Perlenschnurform mit Perlenglanz bestäuben und aus dem Fondant eine Schnur mit gleicher Länge wie die Form herstellen. In die Form geben, schließen und vorsichtig die Perlenschnur herausholen. Überstände entfernen.

7 Mit dem Royal Icing die Unterseite des kleineren Kuchens auf den großen Kuchen kleben. Zwei Bänder passender Länge zurechtschneiden, so dass diese unten und in der Mitte um den Kuchen gelegt werden können. Mit einer kleinen Menge Royal Icing am Kuchen fixieren. Ebenfalls mit Royal Icing die Perlenschnur um die Mitte des Kuchens fixieren.

8 Für die Fondantrosen eine kleine Menge Fondant abnehmen, zwischen Daumen und Zeigefinger platt drücken und zusammenrollen, um das Innere eine Rose zu machen. Zwei weitere Stücke abnehmen und platt drücken, dann eines um das Roseninnere wickeln und die Blütenblätter mit den Fingern formen. Ebenso mit dem anderen Blütenblatt verfahren. Die Blätter mit Frischhaltefolie abdecken, während sie auf die Verarbeitung warten.

Tipp:
Geben Sie Lebensmittelfarbe in den Fondant, um Kuchen oder Dekorationen in unterschiedlichen Farben zu machen.

9 Die Rosen mit essbarem Perlenglanz bestäuben und die Unterseite der Rosen glatt schneiden. Mit Royal Icing auf dem Kuchen fixieren.

Ergibt 4 Kuchen

Goldherzen

Wunderbar romantische Gummiherzen mit echtem essbaren Blattgold sind ein luxuriöses Geschenk für den Liebsten oder ein passendes Dessert zum Valentinstag.

Zutaten:

- 2 Blatt Gelatine
- 100 ml klare Limonade
- 2 Blatt essbares Blattgold
- 4 EL Granatapfelsaft

AUSRÜSTUNG

- Wasserbad
- Bonbonformen in Herzform

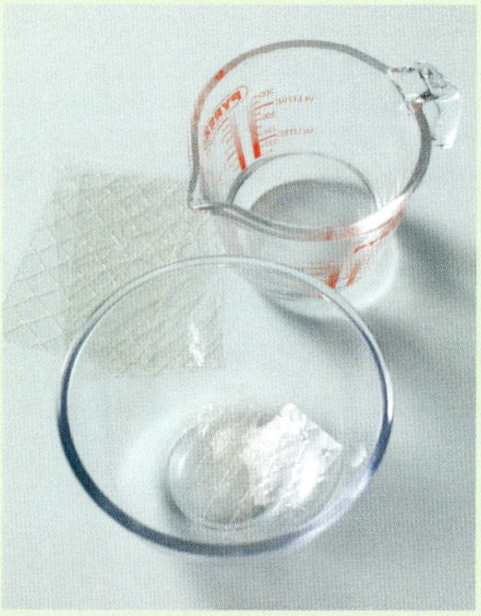

1 Ein Blatt Gelatine klein schneiden und 10 Minuten in etwas Limonade einweichen.

2 Den Rest der Limonade in die Schüssel geben und das Ganze im Wasserband vorsichtig erhitzen, bis sich die Gelatine aufgelöst hat.

3 Die Mischung abkühlen lassen und in den Kühlschrank stellen, bis sie leicht eindickt, aber immer noch leicht gegossen werden kann. Die Mischung aus dem Kühlschrank nehmen und das Blattgold einrühren, bis es in viele kleine Stücke zerbricht, die gut in der Mischung verteilt sind. Wenn die Mischung noch nicht fest genug ist, sinken die Stücke nach unten.

4 Eine kleine Menge der Mischung in die Formen geben und im Kühlschrank fest werden lassen.

5 Das Granatapfelgelee vorbereiten. Dazu den Saft und 4 EL Wasser zusammenmischen. Das zweite Blatt Gelatine klein schneiden und in etwas Saftmischung 10 Minuten einweichen, dann mit dem restlichen Saft vermischen und wie in Schritt 2 verfahren. Vollständig abkühlen lassen, bevor Sie die Mischung in die Formen geben. Im Kühlschrank fest werden lassen.

6 Zum Herauslösen die Form in eine flache Schale mit warmem Wasser geben, dann die Form umdrehen und die Herzen vorsichtig herausklopfen.

Ergibt 6 kleine Herzen

Tipp:
Sie können noch rote Lebensmittelfarbe zum Saft geben, um die Farbe zu verstärken.

Liebesmedaillons

Genießen Sie es, die schönsten Fotos Ihrer Liebsten auszusuchen, um sie auf essbares Papier drucken zu lassen. Lassen Sie Ihre Liebsten vor Freude erröten über diese Liebesgaben, die an handgemalte viktorianische Medaillons erinnern.

Zutaten:

- 1 Portion Ingwerplätzchenteig (S. 17)
- 1 Portion Fondant (S. 20)
- Essbarer Kleber oder Aprikosenmarmelade
- Essbare Fotos (online erhältlich)

AUSRÜSTUNG

- Runde und herzförmige Plätzchenformen
- Spritztülle (2 mm)

1 Heizen Sie den Ofen auf 160 °C. Den Teig ausrollen (S. 17) und Herzen und Kreise ausstechen. Mit der Tülle ein kleines Loch für das Aufhängeband machen. Mit einem Palettenmesser die Kekse auf ein Backblech heben. Für 10 Minuten in den Kühlschrank stellen, dann 16–18 Minuten backen und auskühlen lassen.

2 Puderzucker auf ein Brett sieben und den Fondant darauf 2 mm dick ausrollen (S. 20). Mit denselben Ausstechern wie vorher Herzen und Kreise ausstechen und an derselben Stelle mit der Tülle ein Loch machen. Etwas essbaren Kleber oder erwärmte Aprikosenmarmelade auf die ausgekühlten Plätzchen geben und den Fondant darauflegen.

3 Die essbaren Fotos aus der Packung nehmen und 20 Minuten trocknen lassen. Etwas Wasser auf den Fondant geben und die Fotos mit einem scharfen Messer von der Unterlage lösen.

4 Die Fotos auf die Plätzchen legen, glatt streichen und 15 Minuten trocknen lassen. Dann die Bänder durch das Loch führen.

Ergibt 18 Plätzchen

Verlobungskekse

Diese glänzenden Verlobungsringe sind das ideale Geschenk zur Verlobung. Mit einem Band um eine Serviette gebunden, sind sie auch eine bezaubernde Tischdekoration.

Zutaten:

- 1 Portion Vanilleplätzchenteig (S. 16)
- 1 Portion Fondant (S. 20)
- Essbarer Kleber oder Aprikosenmarmelade
- Essbares Vergoldungsmittel
- Essbarer Goldstaub

AUSRÜSTUNG

- Ausstecher Diamantring
- 1 kleiner runder Ausstecher
- Kleine Pinsel
- Zahnstocher

1 Den Ofen auf 160 °C vorheizen. 1 Portion ringförmiger Vanilleplätzchen herstellen (S. 20) und die Mitte mit einem kleinen runden Ausstecher ausstechen. Auskühlen lassen. Die Arbeitsfläche mit Puderzucker bestäuben und den Fondant etwa 2 mm dick ausrollen. Aus dem Fondant ebenfalls Ringe ausstechen.

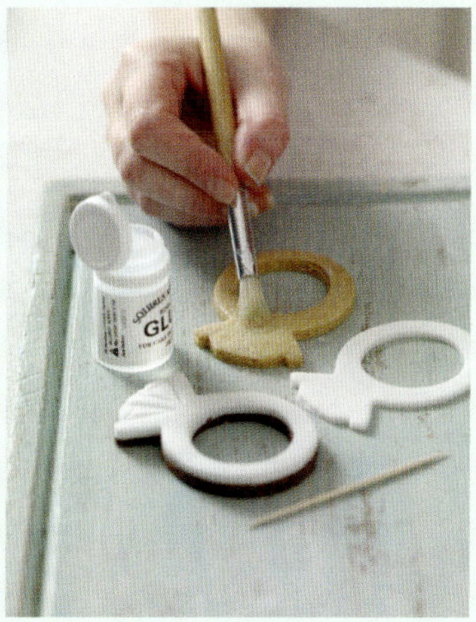

2 Etwas essbaren Kleber oder erwärmte Aprikosenmarmelade auf die Kekse pinseln und die Fondantstücke auf die Kekse kleben.

3 Mit einem Zahnstocher Vertiefungen für die Ringfassung und den Diamanten in den Ring drücken (siehe Bild links).

4 Eine dünne Lage essbares Vergoldungsmittel auf den Ring auftragen, aber so, dass der Diamant frei bleibt. Falls das Mittel zu fest ist, eine kleine Menge auf einem Teller verrühren. Mit einem kleinen, trockenen Pinsel den Ring und die Fassung mit Goldstaub bestäuben.

Ergibt 18 Kekse

Zuckertotenköpfe zu Halloween

Diese Zuckertotenköpfe können eine heiße Schokolade an einem kalten Tag versüßen oder sind die ideale Dekoration für Halloween.

Zutaten:

- 250g extrafeiner Zucker
- 1 TL Trockeneiweiß
- Schwarzes Royal Icing (S. 22) in einem Spritzbeutel mit dünner Tülle
- Essbare Diamanten und Perlen

AUSRÜSTUNG

- Totenkopf-Bonbonform
- Wachspapier
- Backblech

1 Den Zucker in einer Schüssel mit dem Trockeneiweiß vermischen. 1 TL Wasser hinzufügen und mit den Händen vermischen – die Mischung sollte sich wie feuchter Sand anfühlen. Wenn Sie ihn drücken, sollte die Form Ihrer Hand zu sehen sein – dann ist er fertig.

2 Den Zucker mit einem Löffel fest in die Formen drücken.

3 Ein Blatt Wachspapier auf ein Backblech legen und dieses auf die Form legen. Gut festdrücken, dann vorsichtig die Form drehen.

4 Vorsichtig die Form heben. Die Totenköpfe mindestens 4 Stunden oder über Nacht trocknen lassen.

5 Mit dem schwarzen Royal Icing die Details für Augen, Nase und Zähne auftragen.

6 Die essbaren Perlen als gruselige Augen in das Royal Icing drücken.

Ergibt 16 Zuckertotenköpfe

Kapitel 5

Spaß für Kinder

Süße Halsketten und Armbänder

Diese leckeren Halsketten und Armbänder können mit verschiedenen Süßigkeiten und Frühstückscerealien gemacht werden – das ideale für den Kindergeburtstag!

Zutaten:

- Erdbeer- oder Lakritzschnüre
- Ringförmige Frühstückscerealien
- Marshmallows
- Gummibärchen

AUSRÜSTUNG

- Große Stopfnadel

1 Sortieren Sie die Süßigkeiten in verschiedene Schüsseln. Wenn Sie Süßigkeiten mit Loch ausgesucht haben, können Sie sie einfach auf die Schnüre fädeln. Machen Sie einen Knoten nach jeder Süßigkeit, wenn Sie wollen. Am Ende genug Platz zum Verknoten der Schnüre lassen.

2 Für Marshmallows und Süßigkeiten ohne Loch die Enden einer Schnur mit einer kleinen Rolle flach drücken, bis die Schnur durch die Stopfnadel passt.

3 Die Süßigkeiten in der gewünschten Reihenfolge auffädeln und dabei am Ende genug Platz zum Verknoten der Schnüre lassen. Nun heißt es: tragen, essen und genießen!

Kirschgirlanden-kette

Kirschen sind Lieblinge aus unserer Kindheit. Die wunderschönen Ketten sind schnell gemacht. Dann einfach tragen, ausgehen, z. B. ins Kino, und aufessen!

Zutaten:

- 8 Gummikirschen
- 6 grüne Gummischnüre
- 4 rote Erdbeerschnüre

1 Die Kirschen so in eine Reihe legen, dass je zwei Kirschen und zwei Stiele aneinander liegen. An beiden Seiten sollte das Ende ein grüner Stiel sein.

2 Von der grünen Schnur ein Stück abschneiden und damit jeweils zwei Stiele verbinden. Für den Knoten das rechte Ende über das linke geben und nach unten ziehen, dann das linke Ende über das rechte geben und nach unten ziehen. Festziehen und die Enden abschneiden. Überall dort wiederholen, wo sich Stiele treffen.

3 Die Kirschen mit den roten Schnüren verbinden, dabei denselben Knoten wie bei 2 verwenden.

4 Eine grüne Schnur durch die beiden Stiele am Ende der Kette fädeln. Die Enden mit demselben Knoten wie bei 2 verbinden und die Enden abschneiden, so dass eine doppelte Schnur für die Verbindung der Kette entsteht.

Ergibt 1 Kette

Süße Cocktailringe

Opulente Cocktailringe machen einfach nur Freude, egal, ob beim Herstellen, Tragen oder Essen. Sie können Ihre eigenen Kreationen machen – ein großer Spaß für Kindergeburtstage.

Zutaten:

- Süße Schnüre
- Ringförmige Bonbons
- Kleine Bonbons
- Fruchtbonbons (z.B. Mentos)
- Farbiger Zucker
- Streusel oder Zuckerperlen
- ½ Portion Royal Icing (S. 22) in einem Spritzbeutel mit dünner Tülle

1 Ein Stück Schnur abschneiden. Die Länge soll um einen Finger passen, plus 2 cm. Eine Schlaufe machen und die Enden zusammendrücken, dann durch ein Bonbon mit Loch fädeln.

2 Eine kleine Menge Royal Icing auf die Enden geben, um diese damit festzukleben, und trocknen lassen. Dies ist ihre Ringbasis.

3 Um einen Hartbonbonring zu machen, etwas Royal Icing um das mittlere Loch geben und ein kleineres ringförmiges Bonbon daraufdrücken und sicherstellen, dass es fest sitzt. Etwas Royal Icing in das Loch geben und ein kleines Bonbon als Edelstein aufsetzen.

4 Um einen Ring mit Streuseln oder Zuckerkristallen zu machen, nehmen Sie die Ringbasis aus Schritt 2 und geben etwas Royal Icing um das Loch. Ein rundes Bonbon aufdrücken und einige Minuten trocknen lassen.

5 Royal Icing auf die Oberfläche des Bonbons geben und verteilen, so dass die ganze Oberfläche bedeckt ist. Den Ring in eine Schüssel mit Streuseln oder farbigen Zucker tauchen und trocknen lassen.

Tipp:
Sie können auch eine Vielzahl von Hartbonbons oder Zuckerperlen für einen glamourösen Effekt verwenden!

Bonbonkette mit Bändern

Diese Kette ist leicht gemacht und sieht hübsch aus. Sie können alle Arten von runden Süßigkeiten verwenden, wie Kaugummi oder Bonbons.

Zutaten:

- Plastikfolie (Frischhaltefolie)
- 10–15 runde Bonbons
- Band (150 cm Länge, 4 mm breit)

1 Aus der Frischhaltefolie ein 20 x 12,5 cm großes Stück ausschneiden. Bonbons in Reihe entlang der Mittellinie der 20 cm-Seite legen, so dass auf jeder Seite 2,5 cm Folie übrig bleiben. Die Folie um die Bonbons wickeln, so dass sich ein Schlauch ergibt. Vorsichtig den Schlauch zwischen den Bonbons drehen, um diese zu fixieren. 10 cm-Stücke vom Band abschneiden und ein Stück jeweils zwischen den Bonbons zu Schleife binden.

2 Wenn alle Zwischenräume mit Band dekoriert wurden, zwei 15 cm-Stücke Band abschneiden und jedes Ende des Schlauches mit einem doppelten Knoten befestigen. Jetzt können Sie die Kette tragen – so lange, bis Sie sie essen wollen!

Ergibt 1 Kette

Keks-Charm-Kette

Diese lustigen bunten Ketten sind bei Kindern sehr beliebt. Sie können in allen Formen, Farben und Geschmacksrichtungen hergestellt werden.

Zutaten:

- Lebensmittelfarbe
- 1 Portion Vanilleplätzchenteig (S. 16)
- Aroma (optional)

AUSRÜSTUNG

- Plätzchenausstecher
- Spritztülle (4 mm)
- Palettenmesser
- Backbleche
- Verschiedene dünne Bänder

1 Den Ofen auf 140 °C vorheizen. Eine Portion gefärbten Vanilleplätzchenteig herstellen und auf einer bemehlten Arbeitsfläche 4 mm dick ausrollen.

2 Mit verschiedenen Ausstechern Plätzchen ausstechen. Mit der Spritztülle die Löcher zum Durchfädeln des Bandes ausstechen. Dabei die Tülle drehen, damit das Loch gleichmäßig wird. Die Plätzchen mit dem Palettenmesser auf Backbleche heben, 5 Minuten in den Kühlschrank stellen und anschließend 18–20 Minuten backen. Darauf achten, dass die Plätzchen nicht braun werden.

3 Die Plätzchen auf einem Kuchengitter auskühlen lassen und dann auf Bänder fädeln.

Ergibt 40 Keks-Charms

Gummiringe

Diese Gummiringe gehören zu den Lieblingen von Kindern – machen Sie sie zu Hause und freuen Sie sich auf klebrige Hände und glückliche Gesichter.

Zutaten:

- 50g rotes Wackelpuddingpulver
- 50g gelbes Wackelpuddingpulver
- 2 EL Gelatinepulver

AUSRÜSTUNG

- Krug
- Plastikflaschen mit Tülle
- Ringform

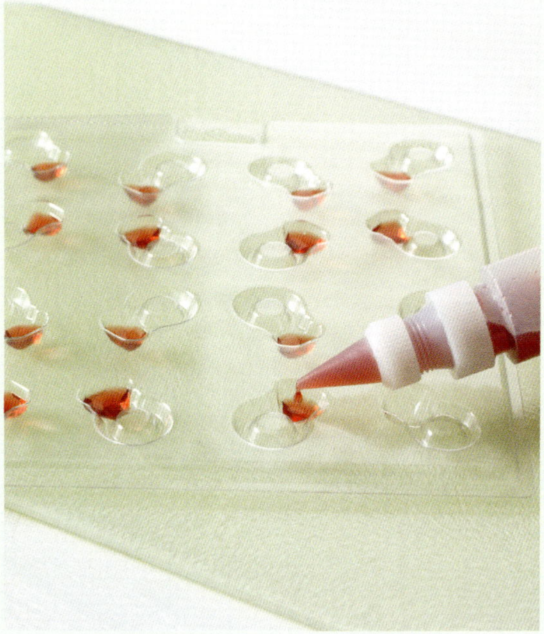

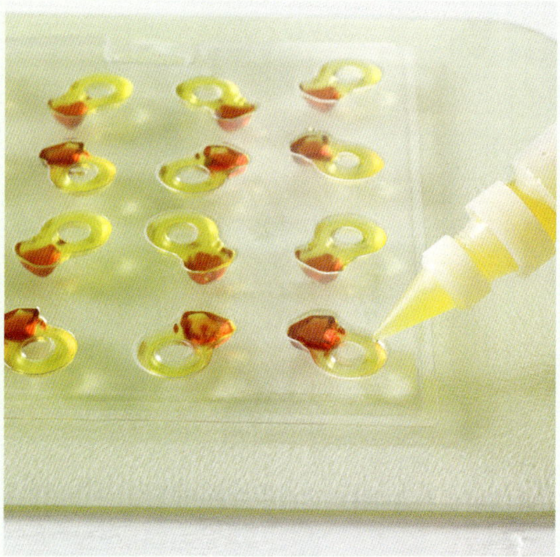

1 Das rote Wackelpuddingpulver, die Hälfte der Gelatine und 4 EL Wasser in einen Topf geben und erhitzen. Dabei rühren, bis sich das Pulver aufgelöst hat. In einen Krug geben und 5 Minuten abkühlen lassen. Wenn sich alle Bläschen aufgelöst haben, in eine Plastikflasche geben.

2 Vorsichtig in den Edelstein-Teil der Form füllen. Vollständig abkühlen lassen und dann für 10 Minuten in den Kühlschrank stellen.

3 Den gelben Wackelpudding wie in Schritt 1 herstellen. Auskühlen lassen und dann bis oben in den Ring-Teil der Form füllen. Für weitere 10 Minuten in den Kühlschrank stellen. Wenn die Ringe fest sind, aus der Form lösen. Bei Bedarf dazu mit der Spitze eines Messers um den Ring fahren, um diesen zu lösen.

Ergibt 16 Ringe

Reispapierblüten

Diese zarten Blüten sind einfach zu machen. Kleben Sie sie entweder auf essbare Schnüre oder Bänder und tragen Sie sie oder verwenden Sie sie als besondere Kuchendekorationen.

Zutaten:

- 10 Blatt weißes und farbiges Reispapier
- Royal Icing (S. 22) in einem Spritzbeutel
- Bänder oder essbare Schnüre
- Essbare Perlen

AUSRÜSTUNG

- Schere und Blumenform oder -stanze

1 Schneiden Sie Blüten in verschiedenen Größen und Farben aus. Sie können entweder eine Blütenform oder einen Ausstecher verwenden, um die Form zu zeichnen, oder die Form ausstanzen. Es gibt Blumenstanzen in unterschiedlichen Formen und Größen.

2 Nehmen Sie eine große Blüte und geben Sie Kleckse von Royal Icing in die Mitte und auf die Blütenblätter. Befestigen Sie eine essbare Schnur oder ein Band in der Mitte und geben Sie eine zweite große Blüte darauf. Vorsichtig festdrücken und einige Minuten trocknen lassen. Wiederholen Sie dies mit Blüten in anderen Formen und Farben, um zusätzliche Lagen anzubringen.

3 Einen Klecks Royal Icing in die Mitte geben und eine essbare Perle daraufsetzen.

Popcorn-Girlanden

Das ist eine Idee für das ganze Jahr, besonders für die Ferien. Fädeln Sie farbiges Popcorn auf, um essbare Girlanden zum Umhängen oder lange Schmuckbänder für den Weihnachtsbaum zu machen.

Zutaten:

- 1 TL Pflanzenöl
- Flüssige Lebensmittelfarbe (am besten funktionieren kräftige Töne)
- 1 Tasse Popcornmais
- Nadel und Nylonfaden oder starker Baumwollfaden

1 Das Öl und einige Tropfen Lebensmittelfarbe in einem Topf mit schwerem Boden gut verrühren. Bei mittlerer Hitze den Popcornmais hinzufügen und darauf achten, dass die Körner mit Öl bedeckt sind. Den Deckel auf den Topf geben und warten, bis die Körner sehr schnell platzen. Dann schütteln, damit sich die Farbe gut verteilt. Die Hitze reduzieren, wenn die Abstände einige Sekunden lang werden. In einer großen Schüssel auskühlen lassen.

2 Den Faden durch das Nadelöhr ziehen und die Girlanden auffädeln. Unterschiedliche Längen herstellen und die Enden mit einem Knoten verbinden. Schritt 1 wiederholen, um andere Popcornfarben herzustellen, so dass mehrfarbige Popcorngirlanden entstehen.

Adressen für Backformen und -zubehör

www.zehrer.at

Backformen, Ausstecher, Zubehör, Dekor

www.tortissimo.de

Zubehör, Zutaten, Formen, Ausstecher

shop.kitchenking.de

Zubehör, Ausstattung, Förmchen

www.backfun.de

riesige Auswahl an Zubehör, Förmchen, Ausstecher, Zutaten etc.

www.backwelt.at

Ausstecher, Förmchen, Zubehör

www.backfieber-pro.de

Ausstecher, Förmchen, Zubehör, Modellierwerkzeuge, Randausstecher, Back-, Dekorzutaten

www.backesshop.de

Ausstecher, Förmchen, Lutscherformen, Stempel

www.gutback.de

Ausstecher, Backformen, Dekor, Zubehör

www.backformen-onlineshop.de

Ausstecher, Backformen, Zubehör

www.kuecheundhaushalt.de

Ausstecher, Formen, Zubehör, Dekorationswerkzeug etc.

kdtorten.de

riesige Auswahl an Förmchen, Ausstecher, Zubehör, Werkzeug, Dekor, Zutaten etc.

www.dimecodeko.de

Förmchen, Ausstecher, Zubehör

www.lumara.de

Backformen, Ausstecher, Zubehör

www.daskleinelaedchen.de

Förmchen, Ausstecher, viel Dekor, Zutaten etc.

www.amazon.de

www.squires-shop.com

Förmchen, Ausstecher, Zubehör

www.michaels.com

Förmchen, Ausstecher, Zubehör

www.hobbycraft.co.uk

Förmchen, Ausstecher, Zubehör

www.wilton.com

Förmchen, Ausstecher, Zubehör

www.homechocolatefactory.com

Förmchen, Ausstecher, Zubehör

www.fancyflours.com

Förmchen, Ausstecher, Zubehör

www.cakescookiesandcraftsshop.co.uk

Förmchen, Ausstecher, Zubehör

www.candymoldcentral.com

Förmchen, Ausstecher, Zubehör

www.lakeland.co.uk

Förmchen, Ausstecher, Zubehör

www.nycake.com

Förmchen, Ausstecher, Zubehör

Anmerkungen:

- Kornstärke und Kornmehl sind dasselbe. Wenn Sie also das eine nicht finden, suchen Sie nach dem anderen.
- Sie können Maissirup durch Zuckerrübensirup ersetzen, aber Ersterer ist besser, da er heller gefärbt ist. Wenn Sie ihn im Supermarkt nicht finden können, schauen Sie im Internet.

Register

Ich möchte ein riesiges Dankeschön sagen: meinem wunderbaren Thomas für seine Liebe, Unterstützung, Ermutigung und seine neu entdeckten Fähigkeiten bei der Süßigkeitenherstellung.

Meiner erstaunlichen Mutter, von der ich die Gene für kreatives Backen geerbt habe und all die häuslichen Fähigkeiten, die eine Frau braucht.

Eleanor Bolton, meiner rechten Hand, die an sich erstaunliche Fähigkeiten entdeckt hat, Schmuck aus Süßigkeiten herzustellen!

Papa, James und Teddy dafür, dass sie einfach sie selbst sind.

Stuart West für seine wunderschönen Fotos und für die hervorragende Zusammenarbeit.

Kate Wilson für ihre wunderschönen Illustrationen, die mich inspirieren.

Dem Team im Verlag für die Hilfe und Unterstützung.